HEYNE<

Die Autorin
Angelika Förster, Jahrgang 1948, ist seit über 30 Jahren als Heilpraktikerin tätig und betreibt zwei Praxen in München. In ihrer therapeutischen Arbeit hat sie sich unter anderem auf klassische Naturheilverfahren, Ernährungsmedizin, Prävention und psychologische Gesprächstherapie spezialisiert. Darüber hinaus befasst sie sich seit vielen Jahren mit Themen wie Evolutionsbiologie, Epigenetik sowie Gehirn- und Hormonforschung. Sie ist Mutter dreier erwachsener Söhne und lebt in München.

© Peter Geins

Weitere Infos:
www.praxis-foerster.de
www.glueckstankstellen.de
www.facebook.com/glueckstankstellen

Angelika Förster

Glückstankstellen

So aktivieren Sie
Ihre Wohlfühlhormone

WILHELM HEYNE VERLAG
MÜNCHEN

Verlagsgruppe Random House FSC-DEU-0100
Das für dieses Buch verwendete
FSC®-zertifizierte Papier *Holmen Book Cream*
liefert Holmen Paper, Hallstavik, Schweden.

Originalausgabe 07/2012

Copyright © 2012 by Wilhelm Heyne Verlag, München,
in der Verlagsgruppe Random House GmbH
www.heyne.de
Redaktion: Johann Lankes/Angelika Lieke
Printed in Germany 2012
Umschlaggestaltung: Nele Schütz Design, München
Satz: Buch-Werkstatt GmbH, Bad Aibling
Druck und Bindung: GGP Media GmbH, Pößneck

ISBN 978-3-453-66029-8

*Gewidmet ist dieses Buch den
wichtigsten, bewährtesten und stabilsten
Glückstankstellen in meinem Leben:
meinen Söhnen Nikolaus, Simon und Philipp.*

*Mein Dank gilt Dr. Hans Christian Meiser.
Als mein Mentor hat er mich während
der ganzen Zeit inspiriert und unterstützt.*

Inhalt

Einleitung 13

Die Entwicklungsgeschichte des Menschen 18
Schwangerschaft und Bindung 21
Evo-Trick 1 – durch Saugen zum Oxytocin 22
Evo-Trick 2 – durch Oxytocin zur Bindung 22
Das Angstzentrum im Gehirn 23

═══ ERSTE GLÜCKSTANKSTELLE ═══

Mutterschaft 27
Schwangerschaft 27
Die vier Hormonphasen einer Frau 29
Das Glück, zum richtigen Zeitpunkt am richtigen Ort zu sein 30
Verhütung 32
Schwangerschaftsabbruch 38
Geburt und Entbindung 40
Stillen 44

═══ ZWEITE GLÜCKSTANKSTELLE ═══

Sexualität und Liebe 49
Sexualität im 21. Jahrhundert 49
Die fünf Hürden 57
Erste Hürde: das Äußere 58
Zweite Hürde: der erste Kontakt 58

Dritte Hürde: der individuelle Geruch 61
Vierte Hürde: der Humor 64
Fünfte Hürde: der erste Kuss 65
Entspannung – Ladung – Spannung –
   Entladung – Entspannung 67
The Erectoman 75
Die Missionarsstellung 76
Die verschiedenen Beziehungsformen 78
Monogamie 79
Polyamorie 82
Sexuelle Fixierung 86
Die Geliebte 87
One-Night-Stand 90
Kuschelparty 91
Speed-Dating 93
Der Flirt mit sich selbst 96

DRITTE GLÜCKSTANKSTELLE

Familie 103
Mutterschaft im Wandel der Zeit 104
Märchen von der bösen Stiefmutter 110
Vaterschaft im Wandel der Zeit 111
Die Patchworkfamilie 113

VIERTE GLÜCKSTANKSTELLE

Kinder 116
Pflegekinder 116
Adoptivkinder 118
Enkelkinder 120
Patenkinder 123

Kindspatenschaften 123
Leihmutterschaft 124

FÜNFTE GLÜCKSTANKSTELLE

Freundschaften 127
Die Bedeutung der Freundschaft 127
Frauenfreundschaften 128
Männerfreundschaften 131

SECHSTE GLÜCKSTANKSTELLE

Kultur und Kunst 132
Literatur 133
Musik und Gesang 135
Ludwig van Beethoven und seine 9. Sinfonie 136
Die bildende Kunst 138
David von Michelangelo 140
Die darstellenden Künste 141
Tanzen 141
Film- und Schauspielkunst 142
Der Mythos Marilyn Monroe 144

SIEBTE GLÜCKSTANKSTELLE

Gesundheit und Lebensfreude 146
Die fünf Säulen der Naturheilkunde 146
Luft 146
Licht 147
Bewegung 148
Ernährung 149
Wasser 151

Das autonome Nervensystem 152
Das sympathische Nervensystem 153
Das parasympathische Nervensystem 154
Die zwei Phasen einer Krankheit 154
Der Placebo-Effekt 160
Spontanheilungen 162
Die neue Denkmedizin 163
Die Heilkraft der Massage 165

ACHTE GLÜCKSTANKSTELLE

Tiere 168
Nutztiere 168
Haustiere 171
Tiere als therapeutische Helfer 173
Esel – kein bisschen stur 173
Kapuzineraffen als tierische Helfer 174
Haustierwahn 176

NEUNTE GLÜCKSTANKSTELLE

Ehrenamt 179
Grüne Damen und Herren 180

ZEHNTE GLÜCKSTANKSTELLE

Garten und Naturerlebnisse 183
Gartenträume – Gartenräume 183
Naturerlebnisse 186
Baummeditation – Linde 188

ELFTE GLÜCKSTANKSTELLE

Spiritualität 191
Religionen und Bindungshormone 192
Christentum 193
Judentum 194
Islam 194
Buddhismus 195
Pilgern auf dem Jakobsweg 195
Weihnachten – das Fest der Liebe 197
Eine humane Lebensphilosophie ohne Gott? 198

EIN LEBEN OHNE GLÜCKSTANKSTELLEN –

z. B. Isolationshaft 202
Natascha Kampusch 203
Ai Weiwei 205

Schlussgedanken 207

Anhang 211
Entwicklungsgeschichte der Säugetiere 211
Die Erde vor 250 Millionen Jahren 211
Die Erde vor 200 Millionen Jahren 212
Die Erde vor 65 Millionen Jahren 212
Anatomie des Gehirns 214
Das limbische System 217
*Oxytocin – das Hormon des
   zwischenmenschlichen Vertrauens* 221

Literaturverzeichnis 222

Einleitung

»Die Freiheit des Menschen liegt nicht darin, dass er tun kann, was er will, sondern, dass er nicht tun muss, was er nicht will.«

Jean-Jacques Rousseau

Als Heilpraktikerin ist es mein Anliegen, Menschen naturheilkundlich und auch seelisch zu begleiten. Um den menschlichen Organismus noch besser verstehen zu können, befasse ich mich seit Jahren zusätzlich zur Naturheilkunde mit Themen wie Zellforschung, Gehirnforschung, Evolution, Philosophie, Astronomie und Hormonhaushalt. Dabei stieß ich auf sehr interessante neuere Studien zu den Bindungshormonen Oxytocin und Vasopressin.

Schon lange weiß man um die Wirkung der beiden Hormone im Zusammenhang mit Schwangerschaft, Geburt und Stillen. Aus diesem Grund setzt man sie auch bereits erfolgreich in der Frauenheilkunde ein. Forscher der Universität Zürich fanden über psychologische Versuchsreihen an Studenten heraus, dass diese hirneigenen Botenstoffe das Vertrauen fördern und die menschliche Psyche sowie das Sozialverhalten positiv beeinflussen. Als ich mich mit deren weitreichenden Wirkungen intensiver befasste, entwickelte sich durch mein Wissen in den verschiedenen Bereichen eine wunderbare neue Erkenntnis: Tiefe seelische Verbundenheitsgefühle, wie sie bei sexueller Erfüllung, Mutterliebe oder in der Familie empfunden werden, aktivieren die Bindungshormone. Dadurch verstärken sich die Gefühle der seelischen Geborgenheit, des Vertrauens und der Liebe. Wenn also diese Hormone zuständig sind für ein positiveres, besseres Lebensgefühl, dann wäre es doch sinnvoll, zu erforschen, unter welchen Bedingungen sie entstehen und wirken.

Mit dem Wissen um diese Zusammenhänge können wir täglich aufs Neue die Chance nutzen, aktiv für Nachschub der begehrten Botenstoffe zu sorgen, um mehr innere Balance zu erreichen.

Mein Anliegen ist es, ein bisher unbewusst gelebtes und zutiefst menschliches Lebensprinzip bewusst zu machen, damit wir jeden Tag aktiv einen Teil unserer Welt kraftvoll neu und positiv gestalten können. Wenn wir die *Kunst des positiven Fühlens* beherrschen, werden wir zu bewussten Meistern der Kuschelhormonproduktion. Und dieser Lernprozess macht unglaublich viel Freude.

— **Die Bindungshormone Oxytocin und Vasopressin** —
Oxytocin stammt aus dem Griechischen und bedeutet »schnelle Geburt«. Während der Geburt werden große Mengen dieses Hormons freigesetzt, die für die Kontraktionen der Gebärmutter, die Wehen, sorgen. Die evolutionär-uralten hirneigenen Hormone, die im Hypothalamus gebildet und in der Hirnanhangsdrüse gespeichert und abgegeben werden, erzeugen aber noch weitere Wirkungen im Körper. Während der Schwangerschaft und des Stillens docken die Botenstoffe an den Rezeptoren im Gehirn an und beeinflussen Gefühle, Sozial- und Fürsorgeverhalten. Dies stärkt die Bindung zwischen Mutter und Kind. Außerdem dämpfen sie das Angstzentrum

(Mandelkern) und stoppen bereits freigesetzte Stresshormone wie Kortisol und Adrenalin.

Oxytocinsensible Zellen befinden sich jedoch nicht nur im Gehirn, sondern im ganzen Körper, wie zum Beispiel in der Gebärmutter, der Brust, den Eierstöcken, der Prostata, den Samenleitern, den Hoden, der Vagina, der Haut usw. Deshalb sorgen die Bindungshormone beispielsweise auch für die schönen Gefühle beim Sex.

Vasopressin wirkt auf die Gefäße, den Wasserhaushalt und auf das Geruchsempfinden. Während das Hormon Vasopressin das Wachstum der Brustdrüsen anregt und den Geruchssinn schärft, ziehen sich durch Oxytocin die Milchdrüsenzellen zusammen und geben die Milch frei. Ohne Vasopressin hätte der Säugling Probleme, die Brustwarzen zu finden, und ohne Oxytocin kann die Milch nicht fließen. Die Aufgaben der Bindungshormone Oxytocin und Vasopressin sind also sehr vielfältig und werden auch durch Streicheln, Blickkontakt, Stimme, Kuscheln usw. ausgeschüttet.

Der portugiesische Neurowissenschaftler R. António Damásio befasst sich in seinem Buch *The Feeling of What Happens* mit den verschiedenen Faktoren, die unser Bewusstsein beeinflussen, und ist davon überzeugt, dass Gefühle und Emotionen auf unser Denken einwirken.

Wir Menschen sind wegen des ständig wechselnden Hormonhaushalts täglich in einer anderen Gemütslage. Unser jeweiliges Befinden hängt sehr stark von unserem unglaublich fein abgestimmten Hormonsystem ab. Dieses ist mit dem Nervensystem vernetzt und das wiederum mit unseren Sinnesorganen. Mit unserer Haut, den Augen, den Ohren, dem Mund und der Nase nehmen wir die Außenwelt wahr. Das Gehirn interpretiert den Input der Sinnesorgane und fertigt ein subjektives Modell der Welt an. Dies führt zur weiteren Freisetzung von chemischen Botenstoffen und Hormonen im Gehirn und Körper, wodurch unsere Wahrnehmung, unser Fühlen, Denken und Handeln erneut beeinflusst wird.

Gefühle tiefster Verbundenheit lösen in bestimmten Hirnbereichen einen weiteren Reiz zur Aktivierung und Ausschüttung von Bindungshormonen aus (siehe hierzu im Anhang »Anatomie des Gehirns«). Mit ihnen beeinflussen wir positiv unser emotionales Erleben. Wir fühlen uns vertrauensvoller, gelassener, angstfreier und glücklicher. Es lohnt sich deshalb, sich mit diesen Botenstoffen näher zu beschäftigen.

Bisher haben wir unsere Glückstankstellen unbewusst genutzt. Wenn wir unsere Gefühlswelten und Gehirnaktivitäten besser verstehen lernen, haben wir die Möglichkeit, ganz bewusst Situationen zu schaffen, die für weiteren Nachschub der begehrten Botenstoffe sorgen. Stündlich werden wir heute über die Medien mit schlechten Nachrichten bombardiert, die in uns Angst und Furcht erzeugen können. Doch es gibt eine Möglichkeit, diese Ängste auf eine sehr interessante, intelligente und menschliche Weise zu vermindern: Wir müssen uns nur täglich bewusst und aktiv um unsere bestehenden Glückstankstellen kümmern, neue aufbauen und gleichzeitig für andere Menschen als solche fungieren. Auf diese Weise könnte unsere Welt ein wenig humaner werden, denn indem wir uns um uns selbst *und* um unsere Mitmenschen kümmern, sorgen wir gleichzeitig auch für den Nachschub der Bindungshormone. Der biologische Eigennutz führt demnach weit mehr zu humanem Handeln, als moralische Aufforderungen dies vermögen.

In viereinhalb Milliarden Jahren Evolutionsgeschichte hat es das Säugetier Mensch durch seinen täglichen Kampf ums Überleben in einer meist ungemütlichen und oft grausamen Welt bisher *unbewusst* zum Meister der »Kuschelhormonproduktion« gebracht. Deshalb kann er auch jedem Tag neue, rosarote Welten abringen und ist ein Leben lang durchaus eigennützig bemüht, an seinem Bewusstwerdungsprozess zu arbeiten. Die Besonderheit des Menschen gegenüber anderen Lebewesen liegt ja gerade darin, über bewusste Denkprozesse sekundäre Gefühle, wie tiefe Dankbarkeit, Glück, Zuneigung und Liebe, empfinden zu können. Die bisher moralisch-religiöse Aufforderung: »Liebe deinen Nächsten, wie dich selbst!« bekommt somit eine völlig neue und wichtige Bedeutung.

Die Entwicklungsgeschichte des Menschen

»Die Menschheit ist die Unsterblichkeit der sterblichen Menschen.«

Ludwig Börne

Die Wiege der Menschheit, mit den ältesten Knochenfunden, wird in Afrika vermutet. Man fand das Skelett eines etwa dreieinhalb Millionen Jahre alten Hominiden, eines Australopithecus, im ostafrikanischen Graben. Was erzählen uns diese Fossilien über unsere Vorfahren? Sie lebten in Gruppen, waren ungefähr einen Meter groß, gingen schon aufrecht und durchzogen als Nomaden die Steppen auf der Suche nach Nahrung. Mit zirka 500 Kubikzentimeter Schädelvolumen entsprachen die Gehirne denen von heutigen Schimpansen.

Man weiß, dass das damalige Klima in einem Zeitraum von etwa einer Million Jahren gleichmäßig warm bis tropisch war und sich kaum veränderte. So konnten sich die Hominiden über einen sehr langen Zeitraum an die Verhältnisse anpassen. Sie ernährten sich auch von harten Pflanzen und entwickelten über die Jahrtausende große Zähne und massive Unterkiefer mit ausgeprägter Kaumuskulatur. Dies führte zu einem sehr starken Zug und Druck auf die Schädelplatten, wodurch sich die knorpeligen Schädelfugen früh schlossen. Die Kindheit dauerte ungefähr drei Jahre, die Gehirne waren früh ausgereift und blieben klein.

Knochenfunde vom Homo habilis, der vor etwa zwei Millionen Jahren lebte, zeigten erstaunliche Veränderungen. Diese Spezies war um die 1,20 Meter groß und hatte mit ungefähr 700 Kubikzentimetern ein um 30 Prozent größeres Gehirnvolumen. In der Nähe der Ausgrabungsstätten fand man auch Steinwerkzeuge. Was könnte passiert sein?

In dieser Zeit kam es im ostafrikanischen Graben zu enormen Klimaveränderungen. In zeitlichen Abständen von zirka 1000 Jahren änderte sich das Klima von kalt auf warm, von feucht auf trocken, was natürlich auch gravierende Auswirkungen auf die gesamte Vegetation und die Ernährung der damaligen Urmenschen hatte.

Durch die Klimaschwankungen waren die Hominiden gezwungen, neue Nahrungsquellen zu erschließen und auszuprobieren. Der Genuss von Fleisch und Fisch und deren Zubereitung führten wahrscheinlich zu weiteren Entwicklungsschritten. Warum?

- Während einer langen entwicklungsgeschichtlichen Periode waren die Hominiden als Hetzjäger unterwegs. In diesem Zeitraum verloren sie ihr Haarkleid und bildeten aufgrund der veränderten Lebensbedingungen Schweißdrüsen aus. Während sie gemeinsam den Tieren nachjagten, konnten sie durch den Schweiß ihre Körpertemperatur regeln. Darüber hinaus mussten sie soziale Fähigkeiten lernen und einüben: Verständigung, Verteilung, Ausdauer, Strategien, Kreativität, Sprache usw.
- Die Überwindung der Angst vor dem Feuer und die Macht über das Feuer leiteten weitere große Veränderungen ein. Durch Garen wurde die Nahrung

weicher, und die Nährstoffe wurden besser aufgeschlossen und leichter verdaubar für den Organismus. Dies veränderte natürlich auch den gesamten Kauapparat. Zähne, Muskeln, Kiefer bildeten sich zurück. Der starke Druck/Zug auf die Schädelplatten ließ nach. Die Schädelfugen blieben länger knorpelig verbunden, und das Gehirn konnte sich endlich vergrößern und ausdehnen.

- In einer Höhle in Australien fand man eine große Ader aus Feuerstein. Aus ihm fertigten unsere Vorfahren Speerspitzen für die Jagd. Über gemeinsames Jagen, Teilen, Garen usw. entwickelte sich gleichzeitig ein besserer Zusammenhalt unter den Gruppenmitgliedern. Dies erforderte neue soziale Fähigkeiten, was sich wiederum vorteilhaft auf die Plastizität der Gehirnstrukturen und das Schädelwachstum auswirkte.

- Ein größerer Schädel stellte jedoch in anderer Hinsicht ein Problem dar. Denn ein Kind muss damit ja auch geboren werden können. Der Trick der Evolution besteht bis heute darin, die Kinder in einer so frühen Entwicklungsphase zu gebären, dass sie noch durch das weibliche Becken gelangen. Genau dies hat aber zur Folge, dass das Kind intensive Fürsorge über einen langen Zeitraum hinweg benötigt – ein wichtiger Meilenstein bei der weiteren Entwicklung des Menschen.

- Eine längere Kindheit wiederum bedeutet, dass mehr Bindungshormone benötigt werden, um den Schutz und die Fürsorge des Nachwuchses zu garantieren. Da diese Hormone gleichzeitig für mehr Empathie, Mitgefühl und Einfühlungsvermögen sorgen, könnten sich diese Gefühle von den Müttern auf die ganze Sippe übertragen haben.

Und genau diese beschützende Fürsorge und Mutterliebe wird immer wieder an die nächste Generation mit einem sich ständig verstärkenden Impuls weitergegeben. Unsere heutigen Gehirne benötigen 20 Jahre, bis sie voll ausgereift sind, und haben ein Volumen von 1400 Kubikzentimetern. Unser stärkster Muskel im ganzen Körper ist jedoch noch immer der Kaumuskel.

Schwangerschaft und Bindung

Die Schwangerschaft stellt eine ganz besondere Zeit für die werdende Mutter dar. Die ersten Monate sind häufig begleitet von Übelkeit und meist leichten körperlichen Umstellungssymptomen. Zur gesunden Entwicklung des Kindes ist kalziumreiche Ernährung wichtig. Die Magensäure sorgt für die Aufnahme des basischen Minerals. Nach etwa drei Monaten haben sich die Magensäureverhältnisse in der Regel stabilisiert, und die Übelkeit nimmt ab. Der Embryo hat sich zum Fötus entwickelt, und die Mutter spürt die ersten zarten Bewegungen. Sie sind von unendlich großen Glücksgefühlen begleitet. Ab da beginnt die gefühlsgesteuerte Kooperation zwischen Mutter und Kind.

Nach neun Monaten leiten die oxytocinsensiblen Zellen in der Uterusmuskulatur Wehen und damit die Geburt ein. Oxytocin sorgt somit für die Vertreibung aus dem Paradies. Mit Geburt und Durchtrennung der Nabelschnur, der Ent-Bindung, endet die körperlich-symbiotische Verbundenheit zwischen Mutter und Kind. Ohne einen evolutionär gesteuerten Deal stünde das Leben deshalb schon ganz am Anfang auf dem Spiel, denn gerade das neugeborene Menschenkind benötigt noch für lange Zeit Schutz, Pflege, Liebe und Fürsorge. Wie wird nun sichergestellt, dass dies gelingt?

Evo-Trick 1 – durch Saugen zum Oxytocin
Alles könnte so schön sein, der beschützende Raum, die Wärme, die Rundumernährung, die Ruhe. Doch kaum geboren, gibt es richtig Arbeit für den Säugling. Durch das Geruchspheromon Vasopressin findet er zielsicher die süßlich duftenden Brustwarzen der Mutter, an denen er sogleich mit unendlicher Ausdauer zu saugen beginnt. Die innige Verbundenheit während des Stillens sichert erneut den Nachschub von Oxytocin, dem Fürsorgehormon – für beide.

Genau das Hormon, das zur Vertreibung aus dem Paradies geführt hat, sorgt nun wieder für Nahrung und noch weit mehr.

Evo-Trick 2 – durch Oxytocin zur Bindung
Der Saugreflex des Kindes weckt bei der Mutter innige Verbundenheitsgefühle. Dadurch wird erneut Oxytocin freigesetzt. Die Milch schießt ein und nährt das Kind, und der warme Hautkontakt, das erfolgreiche Saugen, Stimme und Blickkontakt mit der Mutter führen beim Säugling zu tiefem Vertrauen und seelischer Geborgenheit. Auch in seinem kleinen Gehirn werden

nun die Bindungshormone aktiviert und die wohlige Erfahrung wird im Gedächtnis abgespeichert. Da hier der Ursprung der Bindungshormone liegt, gehe ich im nächsten Kapitel in den Abschnitten Schwangerschaft, Geburt und Stillen nochmals näher darauf ein.

Aber wo und wie genau entstehen und wirken die Bindungshormone, die zu den innigen, wohligen Verbundenheits- und Liebesgefühlen führen? Dazu ein kurzer Abstecher in die Gehirnforschung (siehe hierzu auch im Anhang: »Anatomie des Gehirns«).

Das Angstzentrum im Gehirn

Im *Altsäugergehirn* befindet sich eine Region, die unter dem Namen *Amygdala* (Mandelkern) bekannt ist. Neuesten Forschungsergebnissen zufolge handelt es sich hierbei um die Zone, in der die Emotionen Angst, Furcht, Ekel und die Analyse von Gefahren verarbeitet werden. Angst ist das älteste Gefühl von Lebewesen. Der Mandelkern kontrolliert die Emotionen und beeinflusst auch das emotionale Gedächtnis. Mittels somatischer Marker werden die Angstfrequenzen gespeichert, was einen enormen Überlebensvorteil darstellt. Über die Verarbeitung der Emotionen regt der Mandelkern die weitere Ausschüttung von Stresshormonen an. Damit werden Reserven zur schnellen Flucht bereitgestellt. Die Amygdala war und ist extrem wichtig für alle Warn- und Abwehrreaktionen. Die Ängste unserer Vorfahren waren so vielfältig, dass sich diese Gehirnstrukturen bilden mussten und sogar über die Gene bis heute an die nächste Generation weitergegeben werden. Man nimmt an, dass bereits bei der Geburt bestimmte somatische Marker der Angst unserer Ahnen als Strukturen im Mandelkern vererbt werden.

Emotionale Erregungen können den Mandelkern so stark aktivieren, dass sich Angst und Furcht im ganzen Körper ausbreiten. Menschen mit Panikattacken können ein Lied davon singen.

Angst kann sich so sehr verstärken, dass unsere gesamten bewussten Denkprozesse beeinflusst, dominiert und kontrolliert werden. Deshalb lassen sich Ängste nicht einfach nur durch positives Denken willentlich ausschalten. Wir Menschen leben heutzutage in komplexen Systemen mit nicht immer bis ins Letzte vorhersehbaren und berechenbaren Risiken. Die Nutzung der Atomkraft beispielsweise liefert uns zwar Energie, doch wir haben keine Sinnesorgane für Strahlung ausgebildet. Wir können sie nicht sehen, spüren, riechen, schmecken – und doch kann sie unsere Zellen vernichten. Die nur schwer abzusehenden Folgen mit für lange Zeit bleibender Verseuchung unserer Böden und Unbewohnbarkeit von riesigen Gebieten schüren unsere Ängste vor der unsichtbaren Gefahr.

Neben den Urängsten plagen uns heute zusätzlich Ängste vor persönlichen Heimsuchungen, vor Verbrechen und weiteren Bedrohungen. Über die Medien erfahren wir von den Naturkatastrophen, die sich in der ganzen Welt ereignen. Neueste wissenschaftliche Untersuchungen über zukünftige Entwicklungen wie Erderwärmung und Klimakatastrophe, Verknappung des Trinkwassers usw. lassen uns die Umwelt häufig negativ und bedrohlich wahrnehmen. Angst ist aber auf Dauer ein schlechter Begleiter, denn es entstehen Stresshormone, die das gesamte Immunsystem schwächen können. Nur wenn es uns gelingt, Ängste und Sorgen immer wieder abzubauen oder einzudämmen, stellen sich wieder Zuversicht und Vertrauen ein. Auf sich allein gestellt, ist das nicht zu schaffen. Wir Menschen brauchen einander. Genau deshalb lohnt es sich, die segensreiche Wirkung der Bindungshormone näher kennenzulernen, die auch noch unter den Begriffen »Hormone der Nähe«, »Hormone des Vertrauens«, »Liebes-« oder »Kuschelhormone« bekannt sind.

Wenn also durch bestimmte Gefühlszustände Bindungshormone aktiviert werden, wirkt sich dies regulierend und beruhigend auf unsere Gemütslage aus. Diese Botenstoffe docken an den entsprechenden Bindungsstellen im Gehirn an und legen sich wie eine flauschige Kuscheldecke auf die sehr leicht erregbare Mandelkernzone. Unter dem Einfluss dieser Hormone verspüren wir deshalb weniger Angst, Stress oder depressive Verstimmungen, und es gelingt uns, selbst nach schweren Enttäuschungen, immer wieder Vertrauen zu fassen, Ängste im Zaum zu halten und erneut auf Menschen zuzugehen.

Jetzt werden sich viele fragen, wo bitte gibt es diesen Zaubertrank zu kaufen? Tatsächlich haben Pharmafirmen aufgrund der positiven Forschungsergebnisse bereits ein Oxytocin-Nasenspray entwickelt. Doch es gibt eine viel bessere und dazu noch kostenlose Lösung!

Erinnern wir uns an die Evo-Tricks 1 und 2: Mutter und Kind sind gegenseitige Glückstankstellen. Die Botenstoffe fließen auf beiden Seiten und schenken Nahrung, Liebe und Geborgenheit. Diese Positivspirale des Vertrauens stärkt gleichzeitig unsere körperliche und seelische Gesundheit. Den Gefühlen, die diese Botenstoffe freisetzen, begegnen wir in vielen Bereichen unseres täglichen Lebens. Von diesen Glückstankstellen gibt es jede Menge. Es gilt nur, sie zu entdecken.

===== **ERSTE GLÜCKSTANKSTELLE** =====

Mutterschaft

»Geboren wird nicht nur das Kind durch die Mutter, sondern auch die Mutter durch das Kind.«

GERTRUD VON LE FORT

Während einer erwünschten Schwangerschaft werden die begehrten Bindungshormone im weiblichen Gehirn produziert, gespeichert und neue Bindungsstellen dafür geschaffen. Mit Schwangerschaft, Geburt und Entbindung beginnt das Spiel der Natur um die *Mutter-Mythos-Moleküle*. Mutterliebe ist die stärkste Emotion der Natur. Empathie, Mitgefühl und Einfühlungsvermögen haben hier ihren Ursprung, und alle anderen Formen menschlicher Bindungen haben sich wahrscheinlich daraus entwickelt.

Schwangerschaft

Die *Gebär-Mutter* ist die erste kleine Wohnung eines Menschen. Die innere Höhle ist mit einer Schleimhaut ausgekleidet, dem Endometrium. Hier nistet sich das befruchtete Ei ein und wird so lange ernährt, bis sich die mütterlichen Gefäße und die Plazenta aufgebaut haben.

Der Anfang einer Schwangerschaft wird meist gar nicht bemerkt. Wenn die Blutung aussetzt, kann eine junge Frau heutzutage eine mögliche Schwangerschaft durch einen Test frühzeitig abklären. Fällt er positiv aus und ist das Kind erwünscht, sind Freude, Glück und Erwartung groß. Zunächst übernimmt das Hormon Progesteron, das nach dem Eisprung gebildet wird, den Schleimhautaufbau und die Ruhigstellung der Gebärmutter. Danach produziert die Plazenta alle benötigten Hormone und sorgt damit für das Wachstum und den Schutz des Embryos.

Da die werdende Mutter heute per Ultraschall das Wachstum des kleinen Lebewesens mit verfolgen kann, entstehen innigste Verbundenheitsgefühle schon zu einem sehr frühen Zeitpunkt, die sich bei den ersten zarten Bewegungen des Fötus noch verstärken. Nun steigt die ständige Produktion und Speicherung der Bindungshormone. Das weibliche Gehirn wird völlig neu verschaltet, es wird nie wieder so sein wie vor der ersten Schwangerschaft, denn es werden in entsprechenden Gehirnregionen neue Bindungsstellen für Oxytocin aufgebaut. Gleichzeitig wachsen täglich neue oxytocinsensible Zellen in der glatten Muskulatur der Gebärmutter. Nach neun Monaten steuern genau diese Hormone über das Einsetzen der Wehen die Geburt.

Es ist also ein kluger und sehr sinnvoller Schachzug der Natur, dass sich durch die langsame und ständig steigende Produktion von Bindungs- und Sexualhormonen bei gleichzeitiger Umverteilung und neuem Aufbau von Bindungsstellen im Gehirn die Emotion Mutterliebe langsam entfalten kann. Sie ist nicht in gleichbleibendem Umfang ständig vorhanden oder per Kippschalter plötzlich da, sondern benötigt Zeit und Wiederholung des Gefühlserlebens, um zu wachsen. Dies zu verstehen ist wichtig, wenn wir uns später mit weiteren Glückstankstellen beschäftigen.

Empathische Menschen merken oft schon sehr früh, ob eine Frau schwanger ist. Durch die Freude auf ihr Kind überfluten diese Botenstoffe sie förmlich und beeinflussen das emotionale Zentrum im Gehirn so stark, dass die glücklichere Ausstrahlung unbewusst vom Gegenüber wahrgenommen wird.

Die Natur/Evolution hat es mit den Frauen wirklich gut gemeint. Mädchen werden mit etwa ein bis zwei Millionen Eizellen geboren, deren Zahl sich bis zur Pubertät auf etwa 500 000 bis 300 000 reduziert. Im Laufe eines Frauenlebens gelangen 300 bis 500 Eizellen per Follikelsprung in den Eileiter. Die meisten der in den Eierstöcken liegenden Eizellen gehen ohne Eisprung zugrunde. 15 bis 20 Schwangerschaften wären also völlig natürlich in einem normalen Frauenleben.

Die vier Hormonphasen einer Frau
Eine geschlechtsreife Frau muss in einem Monatszyklus vier verschiedene Hormonphasen ausgleichen. In jeder dieser Phasen herrscht ein anderer Hormonspiegel, der sich auf die Stimmung auswirkt. Eine Tatsache, die für Männer oft schwer nachzuvollziehen ist.

Nach der Menstruation beginnt die *Östrogenphase*, und es reift ein Ei heran. 14 Tage lang steigt der Östrogenspiegel an und stimmt Frauen sanft, mütterlich und fürsorglich. Nach dem Eisprung beginnt die *Progesteronphase*. Der Östrogenspiegel sinkt langsam ab, und Progesteron (Gestagene) steigt an. In dieser Phase können sich Frauen besser durchsetzen, weil das »Gluckenhormon« absinkt. Findet keine Befruchtung statt, fallen beide Hormone langsam auf ihren Tiefststand. Bereits vor und während der Menstruationsphase fühlen sich Frauen häufig leicht depressiv verstimmt. Alles regt sie auf. Häufig besteht eine richtige Gier nach Schokolade, weil auch der Serotoninspiegel in dieser Zeit absinkt.

In matriarchalischen Gesellschaften wurde die Menstruationsphase oft als die hellsichtigste Phase einer Frau betrachtet, während man sie heutzutage meist nur als lästig empfindet.

Das Glück, zum richtigen Zeitpunkt am richtigen Ort zu sein

Die Zeugung eines Menschen ist immer wieder ein großes Wunder und die Befruchtung einer weiblichen Eizelle keine Selbstverständlichkeit. Die reifen Spermien warten in den Nebenhoden auf den Startschuss für ihre gefahrvolle, abenteuerliche Reise. Man weiß heute, dass bei gutem Sex die Erregung des Mannes steigt und dabei mehr Ejakulat mit gesunden, vitalen Spermien erzeugt wird. Von 250 Millionen schaffen nur zwei bis drei Spermien den gefahrvollen Weg bis zur reifen Eizelle. Der Ausstoß des Ejakulats entspricht einem Himmelfahrtskommando, denn die Spermien werden mit 25 Meter pro Sekunde förmlich in die Vagina gepeitscht. Dort sterben bereits 30 Minuten nach dem Samenerguss 99 Prozent durch die unwirtliche Innenwelt der sauren Scheidenflora ab.

Nun müssen sie das zähe und undurchlässige Gebärmutterhalssekret überwinden, das nur während der Östrogenphase, also während des Eisprungs, locker und durchlässig ist. Der Gebärmutterhals ist ein enger, labyrinthartiger Gang, durch den sie sich nun zwängen müssen. Es leben bis zu diesem Zeitpunkt gerade noch ein Prozent, also ungefähr 2500 Spermien.

Danach tut sich eine neue Welt auf: die große Ebene der Gebärmutter. Muskelkontraktionen des Uterus schleusen die Spermien in Richtung des Eileiters, in dem das Ei liegt.

Hier warten bereits die weiblichen Elitekiller, große Leukozyten, um die Spermien als Eindringlinge zu vernichten. Nur wenige schaffen es bis zum Eileiter, einer kleinen Eintrittspforte. Forscher haben beobachtet, dass nun die Spermien andere Bewegungen mit ihrem Schwanz ausführen, was anscheinend für den Einlass von großer Bedeutung ist.

Jetzt sind die Besten der Besten im Spermienparadies, denn sie finden an diesem Ort ideale Lebensbedingungen vor. Ungefähr 20 Spermien warten hier, umhüllt von Nährlösung und Ionen, auf die reife Eizelle und erholen sich von den Strapazen.

Man vermutet vermittelnde Rezeptoren zwischen Eizelle und Spermien, die durch Geruchspheromone gesteuert werden. Die Eizelle legt sozusagen den roten Teppich aus und lockt mit ihrem unwiderstehlichen Maiglöckchenduft. Eine reife, fruchtbare Eizelle ist in der Wissenschaft übrigens 30 000 Dollar wert.

Die Spermien wissen genau, was sie wollen, und schwimmen zur Eihülle. Sie sprengen ihre eigene Kopfhülle ab, und mit den dadurch frei werdenden Enzymen gelingt es dem Sieger, die Eihülle zu durchdringen. In einem formvollendeten Tanz verschmelzen die Chromosomenpaare, das Spermium löst sich auf, und die abenteuerliche Reise der Informationsübertragung findet ihr glückliches Ende.

— Fallgeschichte —————————————————————

Renate S., 35 Jahre alt, hat jahrelang mit der Pille verhütet. Jetzt wünscht sie sich ein Kind und setzt die Pille ab. Als sie zu mir in die Praxis kommt, ist sie verzweifelt und erwägt auch künstliche Maßnahmen zur Befruchtung, da sich auf natürliche Weise keine Schwangerschaft einstellen will. Sie ist enttäuscht von ihrem Körper, der nicht so will, wie sie will. Der unerfüllte Kinderwunsch setzt ihr auch seelisch sehr zu, da Freundinnen in ihrem Alter ohne Schwierigkeiten bereits Kinder bekommen haben. Ihr Selbstwertgefühl als Frau ist angekratzt. Ich nehme mir Zeit für ein Gespräch über Rhythmus, Regelkreise und naturheilkundliche Maßnahmen. Sie versteht, dass sich ein Regelkreis, der jahrelang durch künstliche Hormone ausgeschaltet wurde, nicht plötzlich per Kippschalter wieder aktivieren lässt.

Ich bitte sie, mit ihrem Körper in einen positiven inneren Dialog zu gehen und ihm Vertrauen und Verständnis entgegenzubringen. Gleichzeitig schlage ich ihr eine Therapie vor, bestehend aus Injektionen und Naturheilmitteln, die den Regelkreis Hypophyse – Ovarien anregen. Ernährungsumstellung und natürliche Substitution von Obst- und Gemüsekonzentraten runden die Therapie ab. Ein halbes Jahr später wird Renate S. schwanger und ist inzwischen glückliche Mutter eines wunderschönen Mädchens.

Verhütung

Doch was passiert, wenn eine Schwangerschaft unerwünscht ist, wenn Stress, Sorgen oder das Fehlen eines Partners große Zukunftsängste hervorrufen? Empfängnisverhütende Methoden wie Pille, Spirale, Kondom, Diaphragma, Sterilisation usw. sollen eine Schwangerschaft verhindern. Da wir jedoch keine Maschinen, sondern Menschen sind und gerade im Bereich der Sexualität große Emotionen im Spiel sind, besteht bei keiner Verhütungsmethode eine hundertprozentige Sicherheit. Deshalb müssen auch Maßnahmen wie die Pille danach und der Abbruch einer Schwangerschaft in Erwägung gezogen werden können. Jede Verhütungsmethode hat Konsequenzen auf den weiblichen Körper, den Hormonhaushalt und die Gefühlswelten einer Frau, und genau darum ist es wichtig, die für sich richtige Verhütungsmethode situativ mit großer Sorgfalt auszuwählen.

Wie war das eigentlich noch vor etwa 200 Jahren? Frauen wie zum Beispiel meine Urgroßmutter bekamen auf dem Land zehn bis 15 Kinder. Die Arbeit war sehr hart, und eine Schwangerschaft blieb in den ersten Monaten oft unbemerkt. Selbst schwere Feldarbeit wurde den Frauen bis kurz vor der Niederkunft zugemutet. Es gab keine Verhütungsmittel und auch kein Wissen darüber. Auch wenn uns diese Zeiten so weit entfernt scheinen: Erziehung, gesellschaftliche Normen und religiöse Prägung beeinflussen das Frauenleben bis heute.

Bisher haben bei dem hochsensiblen Thema Sexualität die Werte der Kirche eine ganz wesentliche Rolle gespielt. Doch mit mehr Wissen und bei anderer Betrachtungsweise werden sie sich sicherlich ändern. Zu Zeiten meiner Urgroßmutter kam der Pfarrer sogar ins Haus, wenn sich keine Kinder einstellen wollten. Sie gebar 15 Kinder, kam nie aus ihrem Dorf heraus, und niemand interessierte sich dafür, ob sie neben Hausarbeit, Feldarbeit und Familie auch noch weitere Interessen und Fähigkeiten hatte. Aus den Erzählungen meiner Mutter weiß ich, dass die Angst vor erneuter Schwangerschaft ein ständiger Begleiter der Urgroßeltern war.

Gläubigen Katholiken ist als einzige Verhütungsmethode die Enthaltung an den fruchtbaren Tagen erlaubt und damit die unsicherste Methode überhaupt. In der Enzyklika *Humanae Vitae* von Papst Paul VI. wird hierzu ausgeführt: »*Die Kirche bleibt sich und ihrer Lehre treu, wenn sie einerseits die Berücksichtigung der empfängnisfreien Zeiten durch die Gatten für erlaubt hält, andererseits den Gebrauch direkt empfängnisverhütender Mittel als immer unerlaubt verwirft, auch wenn für diese andere Praxis immer wieder ehrbare und schwerwiegende Gründe angeführt werden.*« Natürlich lässt sich heute niemand mehr vorschreiben, wie und wann er verhüten soll. Doch sollte jeder, der Kirchensteuer zahlt, wissen, dass die Vertreter der katholischen Kirche ziemlich geschlossen obige Ausführungen vertreten.

Was das Thema Verhütung angeht, so steht hier Sicherheit an erster Stelle. Rund 100 Millionen Frauen entscheiden sich deshalb weltweit für die Antibabypille. Sie enthält künstliche Östrogen- und Progesteron-Verbindungen, die dafür sorgen, dass Eireifung, Eisprung und Einnistung der Eizelle verhindert werden. Aus naturheilkundlicher Sicht birgt die Pille aus mehreren Gründen Nachteile für den weiblichen Organismus:

- Bei jungen Mädchen muss sich der Regelkreis zwischen Hypophyse und Eierstöcken erst einspielen, damit der Körper lernt, seine individuelle Hormonmenge zu produzieren. Dies wird durch künstliche Hormongaben verhindert.
- Die ständige Vortäuschung einer Schwangerschaft wirkt sich auf den gesamten Körper aus. Die künstlichen Hormone müssen in der Leber wieder abgebaut werden und beeinflussen sowohl Stoffwechsel als auch Wasserhaushalt. Physiologisch ist eigentlich das Auf und Ab der fein abgestimmten Hormone vorgesehen, wobei die Leber geschont wird.
- Die Regelblutung wird in der Naturheilkunde begrüßt und als zusätzliches Ventil gesehen, über den der Körper etwa 40 Jahre lang entschlacken und entgiften kann. Gleichzeitig bleibt durch den monatlichen »Aderlass« das Blut dünnflüssig.
- Die dreifache Mutter Dr. Belinda Pletzer von der Universität Salzburg sorgte mit ihrer Dissertation weltweit für Aufsehen. Sie wies nach, dass die Hormone der Antibabypille, die *Steroide,* einen strukturellen Einfluss auf die Regionen des Gehirns haben, die für kognitive Aufgaben zuständig sind. Das Gehirn reagiert sehr empfindlich auf die Beeinflussung durch synthetische Sexualhormone. Zwei Effekte wirken sich auf die graue Substanz und die Neuroplastizität des Gehirns aus:

1. die Zufuhr künstlicher Hormone,
2. die Unterdrückung natürlicher Hormone.

Während Radsportler der Tour de France wegen des Dopingverbots keine Steroide, also Sexualhormone, einnehmen dürfen, wird von Frauen ganz selbstver-

ständlich erwartet, über Jahre hinweg täglich diese Wirkstoffe zu schlucken.
- Der individuelle Körpergeruch einer Frau wird durch Hormongaben verändert. Da der Geruchssinn bei der Partnerwahl aber eine sehr große Rolle spielt, wäre es wichtig, sich ohne Hormongaben zu begegnen, damit Männer und Frauen sich immer riechen können.
- Nach jahrelanger Hormoneinnahme haben Frauen oft Schwierigkeiten, schwanger zu werden, wenn sie sich schließlich ein Kind wünschen.
- Östrogene und deren Abbauprodukte haben ein hohes Krebspotenzial und spielen bei der Brustkrebsentstehung eine entscheidende Rolle, denn sie können die Zellteilung anregen.

Es lässt sich allerdings nicht leugnen, dass die Antibabypille gleichzeitig zu einer sexuellen Revolution geführt hat. Mit ihr begannen die Demonstrationen zur Abschaffung des § 218, der die Abtreibung unter Strafe stellte. Der Vatikan ist bis heute gegen die Pille, weil sie seiner Meinung nach einen schweren Eingriff in den göttlichen Schöpfungsplan darstellt.

— **Fallgeschichte** —
Sabine R. stillt nun seit fast einem Jahr mit großer Begeisterung und Hingabe ihren Wonneproppen. Sie ist eine fürsorgliche Mutter zweier Jungs und lebt mit ihrem Partner in einer schönen, großen Wohnung. Als sie meine Praxis aufsucht, ist sie nervlich am Ende und bricht bei jeder Gelegenheit in Tränen aus. Seit Monaten leidet sie unter Depression, Müdigkeit und Antriebslosigkeit, ver-

bunden mit enormen Konzentrationsstörungen. Zusätzlich schwächen sie seit Wochen starke Blutungen. Sie kann den beruflichen Anforderungen nicht mehr gerecht werden, und auch die Beziehung zu ihrem Partner wird zunehmend problematischer. Ihr Arzt rät ihr, das Baby abzustillen, da sie das Stillen und die Blutungen zu viel Kraft kosten würden. Nun ist die junge Mutter in einem noch größeren inneren Konflikt, weil der Kleine so gerne an der Brust trinkt und die beiden eine wunderbare, symbiotische Einheit darstellen.

Ich vermute, dass die Symptome durch die Hormonspirale ausgelöst werden, und rate der jungen Frau, sie entfernen zu lassen. Bereits eine Woche danach hat sie wieder eine positive Stimmungslage und ist wie ausgewechselt. Mit einer spezifischen Therapie von Naturheilmitteln, Frauentee und Injektionen hören die Blutungen nach wenigen Tagen auf, und ein regelmäßiger Zyklus stellt sich ein. Schon bald ist die Patientin wieder voll belastbar. Das Paar entscheidet sich vorübergehend für Kondome zur Empfängnisverhütung. Der Kleine wird natürlich noch weiter gestillt.

Das Beispiel zeigt, dass Frauen auch auf geringere Hormongaben ganz unterschiedlich reagieren können. Die Vorteile der Pille scheinen groß zu sein, die Nachteile für den weiblichen Organismus sind aber noch ziemlich unklar. Deshalb plädiere ich gerade bei jungen Mädchen und Frauen, die noch keinen festen Partner haben, für das Diaphragma. Es ist leicht anzuwenden, gewährt Spontanität, ist sicher und belastet weder Körper noch Gehirn. An den fruchtbaren Tagen sorgen Diaphragma und Kondom für sehr große Sicherheit.

Schwangerschaftsabbruch
Eine unerwünschte Schwangerschaft und die mögliche Entscheidung für einen Abbruch sind für Frauen mit extremen Gefühlen verbunden. Nicht nur die momentane scheinbar aussichtslose Situation, sondern auch individuelles emotionales Empfinden, Prägung, Normen und Werte kommen hier zum Tragen. Jede Frau sollte die Möglichkeit haben, sich auch gegen eine Schwangerschaft entscheiden zu können. Wie gut, dass heute ein Abbruch nach eingehender Beratung legal in entsprechenden Einrichtungen und in einem angenehmen Umfeld durchgeführt wird. Frauen müssen sich gut versorgt und betreut fühlen, damit sie sich zu einem späteren, für sie besseren Zeitpunkt wieder für ein Kind entscheiden können.

Auch wenn am Anfang einer Schwangerschaft noch kaum Bindungshormone produziert werden, muss eine Frau diese schwerwiegende Entscheidung ein Leben lang vor sich selbst verantworten können. Es ist jedoch zu hoffen, dass gerade im Zeitalter von In-vitro-Fertilisation und Präimplantationsdiagnostik (PID) die Vorurteile gegenüber Frauen, die sich für einen frühzeitigen Abbruch entscheiden, endlich abgebaut werden. Da der Kinderwunsch sich immer edel darstellt, sind künstliche Befruchtung, das Einsetzen auch mehrerer Embryonen in den Uterus, Gentests, Einfrieren und Verwerfen von Embryonen mehr oder weniger gesellschaftlich akzeptiert.

Die Entscheidung gegen ein Kind hingegen ist immer negativ besetzt. Frauen trauen sich kaum, darüber zu sprechen, um sich vor Verurteilung zu schützen. Wie die Ethikkommission der Giordano-

Bruno-Stiftung sehr deutlich und klar ausführt, beruht die Annahme, frühe Embryonen besäßen die volle Menschenwürde, auf religiösen Überzeugungen, die keine Allgemeingültigkeit beanspruchen können. Schließlich werden bei der In-vitro-Fertilisation, also der künstlichen Befruchtung, Embryonen bei minus 196 Grad kryokonserviert, spüren dabei nichts und besitzen auch kein subjektives Lebensinteresse. Die Kommission empfiehlt, nur Embryonen einzupflanzen, die die besten Aussichten auf eine gesunde Entwicklung haben.

Neben all diesen Erkenntnissen gilt es auch zu bedenken, dass ein Fötus bereits ab dem fünften Monat seine Umgebung und sicher auch die Stimmungen seiner Mutter wahrnehmen kann. Eine unglückliche Mutter verhindert den Aufbau der wichtigen »Liebeshormone«, was möglicherweise Auswirkungen auf das gesamte spätere Leben des Kindes hat. Es wäre überaus wünschenswert, dass selbstbewusste Frauen ihre Partner heute mit einbinden in ihre Gefühlswelten, um gemeinsam die richtige Verhütungsmethode zu finden, damit sie den Zeitpunkt für ein gemeinsames Kind besser wählen können.

Wenn Gefühle wie Stress, Angst und Sorge in der Schwangerschaft überwiegen und sich Verbundenheitsgefühle nur schwerlich einstellen, bedeutet dies auch Gefahr für das Neugeborene. Dadurch lässt sich besser nachvollziehen, wie es möglich sein kann, dass manche Mütter ihre Neugeborenen vernachlässigen oder sogar töten. Denn Stresshormone können die Bindungshormone »auffressen« bzw. gar nicht erst entstehen lassen.

Geburt und Entbindung

Der Geburtsvorgang ist so individuell, sensibel und von extremen, intensiven Gefühlen und auch Schmerzen begleitet, dass sich Frauen unbedingt über den Ablauf und die verschiedenen Formen der Geburtsbegleitung informieren sollten.

Die Weltgesundheitsorganisation (WHO) forderte bereits in einem 1985 veröffentlichten Bericht, die Gebärkompetenz der Frauen wieder zu stärken, und kritisierte neben einer zu beobachtenden Entmündigung schwangerer Frauen durch den medizinischen Betrieb vor allem die Vielzahl oft unnötiger Eingriffe zur Beschleunigung des Geburtsverlaufs. »Geburt ist keine Krankheit!« (WHO)

Die Mehrheit der Gebärenden wünscht sich eine natürliche Geburt. Allerdings bringen heute nur noch 6,7 Prozent aller Frauen in den meisten Industrieländern ihre Kinder ohne technische oder medizinische Eingriffe zur Welt.

Vor 2000 Jahren war das Gebären reine Frauensache. Als Ko-Mütter halfen die Frauen der Nachbarschaft der Schwangeren bei der Geburt, setzten sie auf ihren Schoß und unterstützten mit streichenden Handbewegungen die Wehen, um den Geburtsvorgang zu beschleunigen.

Noch vor 50 Jahren wurden die meisten Kinder in Deutschland zu Hause geboren, während es heute üblich ist, eine Klinik aufsuchen.

Fallgeschichte

Vor 34 Jahren brachte ich mein erstes Kind in einem Münchner Krankenhaus zur Welt. Ich entschied mich, wegen eines vorzeitigen Fruchtwasserabgangs die nächstgelegene Klinik aufzusuchen. Dort angekommen, musste ich mich auf den Rücken legen, wurde allein gelassen, und die Hebamme schaute nur ab und zu nach mir. Der kahle, ungemütliche Raum machte mir zusätzlich Angst. Ich hatte zu meiner eigenen Beruhigung eine Palette homöopathischer Kügelchen bei mir, die ich mir zur Geburtsbegleitung verordnete.

Als die Wehen stärker wurden, musste ich nach der Hebamme rufen. Mein Sonntagskind kam auch nach ungefähr zwei Stunden ohne Komplikationen auf die Welt. Doch ein unpersönlich und ungeduldig wirkender Arzt nahm einen Dammschnitt vor, der mir noch Wochen später Schmerzen verursachte. Mein kleiner Sohn wurde im Säuglingszimmer mit der Flasche gefüttert und hatte danach keine Lust mehr, sich bei mir den Milcheinschuss herbeizusaugen. Beim Versuch, ihn zu stillen, wehrte der Kleine zornig die Brust ab. Nach all diesen Erfahrungen war ich eine wirklich sehr frustrierte und verunsicherte junge Mutter und kann mich bis heute noch gut an diese unangenehmen Gefühle erinnern.

Seitdem hat sich glücklicherweise in den Kliniken sehr viel geändert. Es ist jedoch weiterhin wichtig, dass sich die schwangeren Frauen genau über folgende Punkte informieren:
- Welche Methoden der Geburtshilfe werden im Krankenhaus praktiziert?
- Wie hoch ist die Kaiserschnittrate? Es gibt kei-

nerlei Rechtfertigung für eine Rate über zehn Prozent.
- Kann die Schwangere bestimmen, in welcher Position sie gebären möchte?
- Wie wird mit der Gabe von Schmerz- und Wehenmitteln verfahren? Sie bedürfen der streng medizinischen Indikation.
- Kann das Kind nach der Geburt bei der Mutter bleiben, wenn der Zustand dies erlaubt?
- Wird die Mutter beim Stillen unterstützt? In den ersten Lebenswochen sollten dem Stillkind keine Flaschen oder Beruhigungssauger gereicht werden, da bis zum Alter von sechs Wochen die Gefahr einer Saugverwirrung groß ist.

Wichtig sind auch alle Maßnahmen einer sanften Geburt, wie sie von Frédérick Leboyer beschrieben wurden:
- Das Neugeborene soll sanft und liebevoll aus der Geborgenheit des Mutterleibes ohne unnötigen Stress auf die Welt gebracht werden.
- Es soll auf den Bauch der Mutter gelegt werden, damit es sich bei den vertrauten Herztönen und der Wärme von den Strapazen der Geburt erholen kann.
- Die Nabelschnur wird, wenn medizinisch nicht erforderlich, nicht sofort durchtrennt. Dadurch fällt dem Kind die Umstellung auf die selbstständige Atmung leichter. Viele wissen nicht, dass der kindliche Körper vollgetankt ist mit OH-Ionen, also einer inneren Sauerstoffreserve. Dies ist auch der Grund dafür, warum Babys so lange unter Wasser schwim-

men können, ohne atmen zu müssen. Es ist also genug Zeit, nach der Entbindung zu warten, bis sich der natürliche Atemrhythmus einstellt, um erst dann die Nabelschnur zu durchtrennen.
- Mutter und Kind benötigen Zeit, sich kennenzulernen. Erst danach wird das Kind warm gebadet und zum ersten Mal an die Brust gelegt. Gedämpftes Licht erleichtert dem Neugeborenen den Übergang in eine neue Welt.

Eine meiner Klientinnen ist Hebamme in München. Sie betreut Frauen, die im vertrauten Umfeld zu Hause oder in der gemütlichen Atmosphäre eines Geburtshauses entbinden möchten. Jedes Jahr kommen in Deutschland über 10 000 Kinder in Begleitung erfahrener und engagierter Hebammen auf diese Weise zur Welt. Es geht darum, die werdende Mutter von Anfang an zu unterstützen, zu stärken und über den fachkundigen Beistand dafür zu sorgen, dass Mutter und Kind während der Geburt ungestört und ohne Medikamente ihren eigenen Rhythmus finden können.

Es gibt heutzutage in größeren Städten wie München viele Hebammen, die wieder wie in alten Zeiten als Ko-Mütter fungieren und Frauen beim natürlichsten Vorgang der Welt unterstützen. Eine Analyse der außerklinischen Geburtshilfe aus den Jahren 2000–2004 erhielt durchwegs gute Noten. Zum Beispiel hatten 87 Prozent aller Erstgebärenden keinen Dammschnitt oder Dammriss dritten Grades. Aber auch bei dieser Form der Geburtshilfe steht Sicherheit an erster Stelle. So liegt das Münchner Geburtshaus beispielsweise in unmittelbarer Nähe der Frauenklinik, der Kinderklinik und eines Neugeborenen-Notarztes. Durch diese enge Zusammenarbeit können Frauen heute in ruhiger Atmosphäre und mit dem Vertrauen in die eigenen Kräfte sicher ihr Kind gebären. Die Kosten tragen zu einem großen Teil die Krankenkassen. Und das Besondere: Die Hebamme ist die ganze Zeit anwesend.

Während der Geburt werden im Gehirn große Mengen Oxytocin, Vasopressin und auch schmerzlindernde Endorphine ausgeschüttet. Diese lösen einen euphorischen Rauschzustand bei der Mutter aus und wirken enorm bindungsfördernd. Die richtige Geburtsbegleitung führt zu einer sanften Entbindung und gleichzeitig wieder zum sensiblen Bindungsaufbau.

Stillen

Nach der Geburt und der Ausstoßung der Plazenta fallen Östrogen- und Progesteronspiegel ab. Dadurch steigt das Hormon Prolaktin an und setzt die Milchproduktion in Gang. Oxytocin bewirkt nun, dass sich die Milchgänge in der Brust auf den Saugreiz hin zusammenziehen und somit die Milch freigeben.

Neben der medizinischen Erklärung des Stillens gibt es jedoch eine weitere, für uns Menschen wesentliche Bedeutung des hochsensiblen Vorgangs. Mit der Durchtrennung der Nabelschnur, der Ent-Bindung, beginnen für Mutter und Kind ganz neue Aufgaben. Das Neugeborene findet durch Geruchsreize die Brustwarzen. Über das Saugen ist es nun wieder mit der Mutter verbunden. Ein großes Glücksgefühl durchströmt die beiden. Dies führt zur weiteren Ausschüttung der Bindungshormone. Das Kind spürt instinktiv, dass es aktiv über das Saugen seine lebenserhaltenden Triebe wie Durst, Hunger und das Bedürfnis nach Nähe und Sicherheit befriedigen kann.

Das Neugeborene ist ein Busenkenner. Mit Lippen, Zunge und Gaumen stimuliert es die Brustwarzen und mit den Händchen wird die Brust fachmännisch bearbeitet. Urvertrauen baut sich auf, weil die Versorgung auf allen Ebenen zu klappen scheint. Diese Frequenz der Sicherheit und Liebe wird im Gedächtnisspeicher, dem Hippocampus des Kindes, als somatischer Marker im Ordner Urvertrauen für immer abgelegt. Gleichzeitig werden durch diese tiefen Sinneserfahrungen Bindungshormone im Gehirn erzeugt und auch weitere Bindungsstellen dafür aufgebaut. Jede spätere Erfahrung oder auch Erwartungshaltung mit einer ähnlichen Frequenz ruft dieses gespeicherte Neuronenmuster wieder ab und verstärkt den positiven Regelkreis der Gefühle.

Das Neugeborene ist sehr machtvoll und auch ausdauernd. Über die orale Stimulierung befriedigt es seine Wünsche nach Nahrung und Geborgenheit und tut das Entsprechende dafür, um Milch und Zuneigung zu bekommen.

Doch wie ist das mit Flaschenkost? Ein mit chemischen Mitteln desinfizierter Plastiksauger mit zu großem Loch signalisiert möglicherweise ganz andere Reize und Gefühle. Vielleicht wird hier schon ganz am Anfang des Lebens ein Muster gesetzt, das dem Menschen zu verstehen gibt: Ich muss mich nicht anstrengen, ich habe ein Recht auf paradiesische Zustände. Der bewährte evolutionär gesteuerte Deal, der Überlebensfähigkeiten einübt, damit das Leben gelingt, wird somit außer Kraft gesetzt, und wir dürfen uns nicht wundern, wenn dies Auswirkungen auf das spätere Leben und auch Liebeserleben hat. Vielleicht wird dadurch bereits der Grundstein gelegt für Trägheit, Bequemlichkeit und Anspruchsdenken usw.

Epigenetik – Überstrukturen unserer Gene

In einem Vortrag am 19. Januar 2011 im Deutschen Museum über Epigenetik – ein Spezialgebiet der Biologie, das sich mit Zelleigenschaften befasst, die auf Tochterzellen vererbt werden und nicht in der DNA-Sequenz festgelegt sind (Wikipedia) – stellte Dr. Philipp Korber von der Universität München unter anderem die Frage, ob über epigenetische Mechanismen auch Erfahrungen vererbbar seien. Man hatte an Mäusen folgendes Phänomen beobachtet: Wenn die Muttertiere ihre Jungen besonders fürsorglich säugten, leckten und pflegten, wurden diese Fürsorgeeigenschaften auch bei der nächsten Generation der weiblichen Tiere festgestellt. Man könne sich aber bisher nicht erklären, ob und wie diese Pflegeeigenschaften an die nächste Generation vererbt oder übertragen würden.

Möglicherweise führt der stark ausgeprägte Pflegetrieb der Mäusemutter bei den Jungen zur verstärkten Ausschüttung von Oxytocin und zum Aufbau weiterer Bindungsstellen. Diese strukturellen Gehirnveränderungen werden nach meiner Meinung an die nächste Generation weitervererbt. Werden dann wieder Geborgenheitsgefühle durch Fürsorge erzeugt, führt dies erneut zur Produktion und Ausschüttung von Oxytocin, das an den nun vermehrten Bindungsstellen andockt. Dadurch verstärkt sich der Pflegetrieb. Es könnte also sein, dass nicht die Erfahrungen der fürsorglichen Pflege, sondern die strukturellen Veränderungen des Gehirns weitervererbt werden und dies die »Mäuse-Mutterliebe« verstärkt.

Dieser Versuch könnte erklären, dass durch Aktivierung der Bindungshormone in Verbindung mit dem Aufbau weiterer Bindungsstellen auch die Plastizität des menschlichen Gehirns zunimmt. Es wäre eine Begründung dafür, wie sich das Fürsorgeverhalten der weiblichen menschlichen Spezies von Generation zu Generation weiterentwickelte.

Stillen ist für das Kind sehr gesund. Mit dem Hautkontakt der Mutter wandern beim Saugen Bakterien in den keimfreien Darm und besiedeln ihn ganz spezifisch und individuell. Die Muttermilch kann vom Kind enzymatisch sehr gut aufgespalten und verdaut werden. Das ist sehr wichtig für das Darmmilieu und die Verdauungskraft eines Menschen. Die Muttermilch ist dazu reich an Vitaminen, essenziellen Fettsäuren und Vitalstoffen. Keine Firma der Welt kann diese Qualität aus Kuhmilch nachahmen.

Wenn sich Frauen heute aus beruflichen oder anderen Gründen gegen das Stillen entscheiden, hat dies Konsequenzen, die es zu bedenken gilt. Natürlich können Mütter auch mit Flaschennahrung eine zärtliche Bindung zu ihrem Kind aufbauen und seelische Geborgenheit schenken. Das selbstwertsteigernde und machtvolle Gefühl, ein Kind aus eigener Kraft zu nähren, stellt sich dabei jedoch nicht ein.

Wie schnell sind die ersten Monate des Stillens unwiederbringlich vorbei! Schade, wenn Frauen diese Zeit nicht nutzen, um das Baby zu stärken und gleichzeitig von ihrem eigenen Wohlfühl-Hormoncocktail zu profitieren.

ZWEITE GLÜCKSTANKSTELLE

Sexualität und Liebe

> »Heut ist mir alles herrlich; wenn's nur bliebe!
> Ich sehe heute durchs Augenglas der Liebe.«
>
> JOHANN WOLFGANG VON GOETHE

Stillakt und Sexualakt haben viele Gemeinsamkeiten im Hinblick auf die Funktion und Bildung der Bindungshormone. Entscheidend ist, welche Erfahrungen wir als Babys gemacht haben. Der individuelle Liebesstil, ob sicher, ängstlich, romantisch, leidenschaftlich, vermeidend usw., ist davon geprägt, und es zeigt sich darüber die Bindungs- und Liebesfähigkeit eines Menschen. Doch keine Angst, der individuelle Liebesstil ist auch veränderbar und nicht für alle Zeiten festgeschrieben. Genau deshalb lohnt es sich, die physikalischen Abläufe der Liebe zu beschreiben und aktiv an der Glückstankstelle Sexualität zu arbeiten.

Sexualität im 21. Jahrhundert

Es ist ganz erstaunlich, wie der evolutionär gesteuerte Deal, den ich schon ausführlich beschrieben habe, hier weiterwirkt und welche weitreichenden Folgen und Konsequenzen sich für Frauen und Männer daraus ergeben.

Zunächst einmal ist es wichtig zu verstehen, dass Sexualität zu etwas dient und nicht reiner Selbstzweck ist. Wenn wir den Zusammenhang verstehen, ergibt sich alles Weitere von selbst. Um es noch einmal zusammenzufassen: Als Babys und Kleinkinder haben unsere Eltern mit ihrem Fürsorgeverhalten Gefühle bei uns ausgelöst, die wir in unserem Gedächtnisspeicher über somatische Marker im Ordner Geborgenheit, Sicherheit, Urvertrauen und Liebe abgelegt haben. Immer, wenn im späteren Leben ähnliche Gefühle erzeugt werden, aktiviert dies die entsprechenden somatischen Marker und damit wieder die Produktion der Wohlfühlhormone. Diese deaktivieren unser Angstzentrum für eine gewisse Zeit, und wir fühlen uns sanfter, heiterer, zuversichtlicher und ausgeglichener. Weil Gefühle der Verbundenheit und Liebe uns immer wieder körperlich und emotional ausgleichen, sind wir aufgefordert, unbedingt bei uns und unseren Mitmenschen für diesen Zustand zu sorgen. Zwei Beispiele sollen veranschaulichen, wie unser Gedächtnisspeicher wahrscheinlich funktioniert.

— **Meine Geschichte vom Regen** —
Als kleines Mädchen habe ich die Ferien immer mit meinen Geschwistern im Bayerischen Wald verbracht. Im Sommer war es eine der schönsten Beschäftigungen, durch den Wald zu streifen und Pilze zu sammeln, die ja bekanntlich besonders gut wachsen, wenn es feucht und warm ist. So sind wir Kinder gerade bei leichtem Sommerregen losgezogen und haben voller Stolz und völlig durchnässt Körbe mit Pfifferlingen, Steinpilzen, Rotkappen und Birkenpilzen gesammelt. Ich erinnere mich noch so gut daran, wie wir uns anschließend müde und erschöpft in dicke Federbetten kuschelten, um ein Mit-

tagsschläfchen zu halten, während draußen leise der Regen fiel. Dieses Geräusch, dieser Regen-Sommerduft, diese kuschelige Wärme in den Federbetten, dieses tiefe Glücks- und Geborgenheitsgefühl ist in mir so stark verankert, dass ich noch heute bei einem warmen Sommerregen sofort ein übergroßes Verlangen verspüre, mich unabhängig von der Tageszeit und allen sonstigen Pflichten gemütlich in mein Bett zu kuscheln.

Die Geschichte von den Lachsen

Im Fernsehen sah ich eine Dokumentation über junge Lachse, die im Rhein ausgesetzt wurden. Wenn die Fische erwachsen sind, kehren sie wieder genau an diesen Ort zum Laichen zurück. Wie machen sie das, wie finden sie diesen Ort? Während ihrer Reise erstellen sie sozusagen eine Landkarte der Wassergerüche. Die entsprechenden feuernden Nervenzellen werden als somatische Marker im Gehirn gespeichert. Wenn die Lachse dann fortpflanzungsreif sind, treten sie ihre Rückreise an und brauchen nur darauf zu achten, bis diese Nervenzellen wieder reagieren. So wissen sie sich auf dem richtigen Heimweg.

Ganz sicher finden auch die Schildkröten, neben weiteren Faktoren, auf die gleiche Art zurück in ihre Heimatbucht. Es ist, als würde die Evolution sagen: Wir speichern den Erfolgsort, an dem du geschlüpft bist und überlebt hast, und bringen dich wieder heil zurück, damit die nächste Generation ebenfalls erfolgreich schlüpfen und überleben kann, ganz nach dem Motto: Alles, was sich bewährt, ist gut und wird beibehalten. So ist bei diesen Tieren der Geruchssinn gleichzeitig der Garant ihrer Arterhaltung.

Als Erwachsene, abgelöst von den Eltern, sehnen wir uns wieder zutiefst nach Verbindungen, die uns Geborgenheit und Liebe schenken. Deshalb lassen wir uns auch auf Begegnungen, Freundschaften und Liebesbeziehungen ein. Wir suchen den *richtigen Partner,* denn nur mit ihm könnten wir uns auch weitere Glückstankstellen wie Kinder und Familie vorstellen.

Allerdings können Paare sich lieben, ohne sich zu begehren. Andere lieben und begehren sich, möchten aber kein Kind zeugen. Es ist daher wichtig, den Wert der liebenden Vereinigung für Mann und Frau im Hinblick auf die Bindungshormone ganz neu zu betrachten. Eine völlig andere Sichtweise wird beweisen, dass gerade eine erfüllte Sexualität die Menschen empathischer und glücklicher macht, was wiederum enorm positive Auswirkungen auf das gesamte Umfeld hat.

Aufwendige Umfragen ergaben, dass Paare in der Regel nur ein- bis dreimal im Monat miteinander schlafen. Sie lieben sich, begehren sich aber nicht mehr. Stress, zu hohe Erwartungen, zu viel Arbeit, Burnout-Syndrom, Unlustgefühle, Erschöpfung, Impotenz und vieles andere mehr behindern die Glückstankstelle Sexualität – und das, obwohl genau sie eine Art Therapie für all diese Symptome wäre. Ein Teufelskreis! Nur dann, wenn Fortpflanzung als wichtigstes Ziel der Sexualität verstanden wird, wie es von der katholischen Kirche gefordert wird, dreht sich natürlich alles um die Erektionsfähigkeit und den Orgasmus des Mannes und auch um seine damit verbundenen Fantasien. Seit über 2000 Jahren wird somit ein patriarchales Seelenmuster in uns installiert. Die weibliche Fähigkeit zum Orgasmus wurde erst sehr spät entdeckt und war nie ausschlaggebend für eine gute Ehe. Erst in den 1960er-Jahren lernten die Frauen – unter anderem durch die Filme von Oswald Kolle, dem Vater der Sexualaufklärung –, über ihre Bedürfnisse zu sprechen und sie auch einzufordern.

Der männliche und weibliche Orgasmus prägen und bestimmen das heutige Liebesverhalten von Männern und Frauen. So können wir in der Zeitschrift *Freundin* vom März 2011 einen Bericht lesen mit dem Titel: »Liebling, kommst du? Zehn erstaunliche Dinge, die Sie schon immer über den männlichen Orgasmus wissen wollten.« Der Weg zum Höhepunkt dauert demnach bei Männern durchschnittlich 3,3 Minuten und bei Frauen fünf bis 22 Minuten. Als gute Liebhaber gelten Männer, die ihre Ejakulation hinauszögern können, damit dann als höchstes Ziel der gemeinsame Orgasmus erlebt werden kann.

Sexualität im Hinblick auf die Bindungshormone ergibt ganz neue und aktive Verhaltensweisen für Mann und Frau. Beide sind gefragt. Es gibt keine Sonderrechte. Wir Menschen funktionieren auf diesem Gebiet wie ein Viertaktmotor: Entspannung – Ladung – Spannung – Entladung – Entspannung. Das hört sich furchtbar nüchtern an. Doch wenn man jede Stufe genau betrachtet, wird man erkennen, wie viel Interesse, Verständnis, Fantasie, Geduld und Zärtlichkeit nötig sind, damit über Kontakt, Berührungen, sexuelle Erregung und Orgasmus die begehrten Botenstoffe der Liebe aktiviert werden.

Sexualität verbindet zwei Menschen auf ganz besonders innige Weise und dient dazu, dass sie wohlige Gefühle ähnlich denen der frühen Kindheit erleben.

Sie hat in der Regel kein Ziel, sondern ist ein Spiel, bei dem Verführungskunst gefragt ist. Unsere fünf Sinne sind aktiviert. Alles ist erlaubt, um über Kleidung, Düfte, Musik, Essen, Schmusen, Streicheln, Kind-sein-Dürfen, Massieren, Tanzen, Küssen und vieles andere mehr eine intime, vertraute oder auch erregende Stimmung zu schaffen. Es geht darum, den anderen und sich selbst in die Gefühlswelten zu zaubern, die die somatischen Marker für Geborgenheit und Liebe in unserem Gedächtnisspeicher zum Vibrieren bringen, um die Botenstoffe der Liebe erneut zu aktivieren.

Wie bereits beschrieben, bewirken sie je nach Ort ganz bestimmte Reaktionen. In den Gehirnarealen des limbischen Systems schalten sie das Angstzentrum ab. Dies führt zu noch mehr Vertrauen, Sicherheit, Zuversicht und Innigkeit. Gleichzeitig besetzen sie aber auch die Rezeptoren im Körper und sorgen durch Kontraktionen der glatten Muskulatur in der Vagina, den Samenleitern und den erogenen Zonen der Haut für die schönsten Gefühle der Welt. Beim Höhepunkt wiederum werden weitere große Mengen Oxytocin freigesetzt. Je mehr Zeit wir also in das Liebesspiel investieren, umso mehr Oxytocin erzeugen wir bei uns und unserer/unserem Liebsten, und umso intensiver erleben wir dann den Höhepunkt. So kann die körperliche Liebe der Auftakt für seelische Liebe und Nähe sein bis hin zu spirituellen Erfahrungen des Verbundenseins.

Da Frauen mehr Bindungsstellen für Oxytocin besitzen, führt die Überflutung mit diesem Hormon besonders nach dem Liebesspiel zu sehr viel Nähe- und Kuschelbedürfnis. Sie sind deshalb reichlich verwirrt und auch enttäuscht, wenn sich nach einer wundervollen Liebesnacht der Traummann nicht meldet. Daher ist es wichtig, die Wirkungen der Kuschelhormone zu kennen und sie vor allem am Anfang des unbeschwerten Kennenlernens richtig einzuordnen. Sie sollen nicht blind, dumm und machtlos machen, sondern interessiert und neugierig und als Einstieg dienen, um die Möglichkeit eines weiteren Zusammenseins zu prüfen. Das heißt, auch wenn der Sex mit ihm sehr gut war, bedeutet das noch lange nicht, dass er deshalb der Traummann ist – schon gar nicht, wenn nach einer zärtlichen Nacht keine interessierte Rückmeldung kommt oder Sätze wie: »Weißt du, ich bin einfach noch nicht bereit für eine enge Beziehung.«

Die Prinzessin rennt nicht dem Prinzen hinterher. In den archaischen Märchen muss ein Prinz viele schwierige Herausforderungen meistern, um erwählt zu werden. Der tiefe Grund dafür ist, dass Frauen durch Schwangerschaft, Geburt und Fürsorge des Nachwuchses sehr viel an Lebenszeit investieren, um ihre Gene weiterzugeben. Deshalb müssen Männer sozusagen in die Vorleistung gehen und sich bewähren.

Männer interessieren sich für Frauen, die neben einem attraktiven Äußeren auch eine erotische, warmherzige, humorvolle, selbstbewusste und entspannte Ausstrahlung haben. Nehmen sie diese Fähigkeiten bei einer Frau wahr, erwacht ihr Interesse. Gerade der Anfang einer Beziehung sollte sich deshalb heiter und unbeschwert anfühlen dürfen.

Männer sind viel praktischer veranlagt als Frauen. Haben sie sich einmal entschieden, dann gilt das für länger. Deshalb werden eine noch so wilde Liebesnacht, raffinierter Sex oder eine unendlich verständnisvolle Frau allein sie auf Dauer nicht reizen. Männer wollen auch gefordert werden, um sich weiterzuentwickeln. Das männliche Gefühlserleben und die Bedürfnisse nach einer funktionierenden Beziehung bestimmen ihr weiteres Werben. Guter Sex allein ist auch für sie nicht die einzige Voraussetzung, um sich für ein Leben zu zweit zu entscheiden. Warum können Männer anscheinend Sexualität und Liebe besser trennen?

Da Männer weniger Bindungsstellen für Oxytocin besitzen, können die beim Orgasmus produzierten Liebeshormone zu einem großen Teil nicht andocken und bleiben wirkungslos. Das macht es den Männern sicherlich leichter, sich freier und unabhängiger zu fühlen und auch die Ratio einzuschalten. Doch sie sollten wissen, dass sie gerade als zärtliche Liebhaber bei den Frauen diese innigen Liebesgefühle auslösen, und müssen sich nicht wundern, wenn diese dadurch anhänglicher werden.

Über sexuelle Aktivitäten sorgen auch Männer für den begehrten Nachschub der Wohlfühlhormone. Doch wenn sie lernen, die vielen anderen Glückstankstellen wie Familie, Freundschaften oder Naturerfahrungen zu nutzen, erzeugen sie ebenfalls ihre Glückshormone und auch Bindungsstellen dafür und werden dadurch unabhängiger von Sex und Frauen um jeden Preis.

Frauen sollten bei ihren sexuellen Aktivitäten berücksichtigen, dass wirklich hirneigene Hormone für die körperlich erlebten Gefühlszustände sorgen, und deshalb achtsam entscheiden, wann und in welchem Umfang sie Nähe zulassen wollen. Beurteilt man die Glückstankstelle Sexualität im Hinblick auf die begehrten Botenstoffe, haben Männer und Frauen die gleichen Rechte und Pflichten. Beide dürfen aktiv werden. Beide beherrschen Verführungskünste. Beide wissen um ihre eigenen Bedürfnisse und um die körperlichen Zustände, die sie beim anderen auslösen. Beide tragen Verantwortung. Doch wie alles im Leben braucht auch Verführungskunst Übung, Übung, Übung. Gefragt ist hier also eine Frau, die weiß, was sie braucht, wie ihr Körper funktioniert, und die darum aktiv flirtet und all ihre Gaben auf ihr Flirt-Tablett legt. Und ein Mann, der ebenfalls seine Bedürfnisse kennt, der sich einfühlen kann, die Verführungskunst beherrscht, der sich mitteilt und Verantwortung für seine Handlungen übernimmt. Gerade beim Flirten sind Fantasie, Interesse, Aufmerksamkeit, Lebensfreude, Leichtigkeit und Humor wichtig, denn es soll ja auch die Erwartungsfreude auf mehr beim Flirtpartner aktiviert werden.

»Ein Vergnügen zu erwarten ist auch ein Vergnügen«, erkannte schon Gotthold Ephraim Lessing.

Die fünf Hürden

Damit die Glückstankstelle Sexualität zu einer sprudelnden Quelle für Glückshormone wird, müssen allerdings zuerst einige Hürden gemeistert werden. Bereits beim Flirten werden die Wohlfühlhormone aktiviert. Die meisten Menschen erinnern sich sehr genau an die Momente der ersten Verliebtheit. Der Zauber begann, wie Hunderte von Befragten zum Thema erste Liebe angaben, als sie das Gefühl hatten, *da inte-*

ressiert sich jemand für mich. Wenn wir also dem Gegenüber signalisieren, dass wir ihn faszinierend, interessant oder begehrenswert finden, setzen wir ein besonders wirksames und ganz natürliches Aphrodisiakum ein. Was benötigen wir, um aktiv zu flirten? Ganz einfach: Kontaktfähigkeit, Interesse, Aufmerksamkeit und die Lust zum Üben bei jeder Gelegenheit, ein Leben lang.

Erste Hürde: das Äußere
Erst wenn wir selbst den Wunsch nach Begegnung in uns verspüren, wird der Körper in eine besondere Spannung versetzt, die auch von anderen bemerkt wird und in der wir selbst ebenfalls die Umwelt anders wahrnehmen. Hier spielen bereits Kleidung, Körperhaltung, Ausstrahlung, Gesichtsausdruck usw. eine extrem wichtige Rolle.

Es lohnt sich, den eigenen Stil zu entdecken, Proportionen zu beachten und herauszufinden, welche Farben einem stehen. Auf diesen Gebieten sollten sich Frauen und Männer zusätzliches Wissen erarbeiten und sich durchaus auch von Experten beraten lassen, um so authentisch wie möglich nach außen zu wirken. Gerade Männer, die ja keine anderen Hilfsmittel verwenden, sollten besonders über ihr Outfit, die Farbe der Kleidung, die Schuhe, den Haarschnitt und dergleichen ihren Charakter und Geschmack betonen.

Zweite Hürde: der erste Kontakt
Über aktives Flirten schlagen wir sozusagen eine Luftbrücke zum Du. Beim ersten Blickkontakt, Smalltalk oder einer netten Geste stellen zwei Menschen eine

noch unverbindliche, oberflächliche, freundliche Beziehung her. Dabei spielen Körperbau, Körpersprache, Mimik, Kleidung, Lächeln, Beuteschema, Stimmfarbe, Worte und noch vieles mehr eine sehr große Rolle, denn in den ersten Minuten entscheiden wir Menschen über Sympathie oder Antipathie, über Stopp oder Weiter. Deshalb gilt:

Für den ersten Eindruck gibt es keine zweite Chance!

Auch Kontaktfähigkeit muss geübt werden. Daher ist es wichtig, den ersten Schritt zu wagen, egal ob Mann oder Frau. Das Interesse entscheidet über eine freundliche Kontaktaufnahme.

— Gibt es Liebe auf den ersten Blick? —

Blicke treffen sich, und einen Moment lang scheint die Welt stillzustehen. In etwa einer fünftel Sekunde können sich zwei Menschen ineinander verlieben und in einen rauschähnlichen Zustand geraten. Das Hochgefühl kommt einer an der Syracuse University in New York durchgeführten Studie nach zustande, weil chemische Substanzen wie Dopamin, Oxytocin, Adrenalin und Vasopressin freigesetzt werden und verschiedene Gehirn-, Bauch- und Herzregionen beeinflussen.

Tief im Herzen hegt so mancher den Wunsch nach solch einer romantischen Begegnung, denn sie signalisiert unwiderstehliche Anziehung von beiden Seiten. Es gibt viele Gründe einer Erklärung der magischen Anziehungskraft. Attraktivitätsforscher haben beispielsweise herausgefunden, dass ein intensiver, offener Blick und eine Ähnlichkeit der Gesichter große Vertrautheit schaffen. Unser Unbewusstes scheint zu wissen, dass das Gegenüber zu uns passt. Die Sehnsucht nach der Liebe auf den ersten Blick entspricht zunächst der perfekten Illusion. Während die ganze Welt an uns herummäkelt und unser Selbstwert des Öfteren in den Keller geht, gibt es plötzlich jemanden, der uns unwiderstehlich findet – und das sorgt für ein unglaublich gutes Lebensgefühl. Es ist, als ob man sich schon ewig kennen würde, und dies fühlt sich so vertraut an. Doch die Liebe kommt nicht als Sturzgeburt zur Welt, sondern benötigt Zeit, um langsam zu wachsen. Natürlich kann durch dieses Gefühl ein ganz besonderer Zauber entstehen, der sicher dazu dient, die entsprechenden Hürden achtsamer, freundlicher und zugewandter zu meistern.

Damit man sich aber wirklich zu einer Mrs. oder einem Mr. Right entwickelt, kommt man um Ausbildung weiterer Fähigkeiten nicht herum. Menschen sind sehr komplexe Lebewesen, geprägt durch Familie, Herkunft und Gesellschaft mit Mustern, Macken, Vorstellungen und Fixierungen. Deshalb ist es ratsam, trotz der Schmetterlinge im Bauch die verschiedenen Ebenen einer Partnerschaft in Ruhe zu prüfen und sich die entsprechende Zeit zu geben, damit die anfängliche Illusion nicht eine größere Desillusion nach sich zieht.

Die älteste bekannte Flirtgeschichte ist wohl die von Adam und Eva. Der biblische Mythos über die Vertreibung aus dem Paradies beschreibt, wie die beiden entgegen dem göttlichen Gebot vom Baum der Erkenntnis aßen. Wir haben es Eva zu verdanken, dass sie mit ihrem Ungehorsam und ihrer Neugier die Entwicklung vom unbewussten zum bewussten Menschsein herbeiführte. Der erste Flirt war sozusagen der Schritt aus der illusionären, unbewussten, kindlichen, paradiesischen Welt in die reale Wirklichkeit. So gesehen, haben wir jegliche Erkenntnis Eva zu verdanken. Der wohlgelobte Gehorsam Gott gegenüber führt eben gerade nicht zum Erwachsenwerden. Da Eva zuerst von den Früchten des Baumes der Erkenntnis probiert hat, ist sie eindeutig die Cleverere. Der biblische Mythos garantiert sozusagen eine Weiterentwicklung des Menschen erst *durch* den Ungehorsam. Auch die Trotzphase von Kleinkindern zeigt uns, dass angelegter Ungehorsam und Gegenwille Voraussetzung für Selbstbestimmung, Emanzipation und Autonomie sind.

Dritte Hürde: der individuelle Geruch
Beim weiteren Näherkommen ist unser Geruchssinn ein wichtiger Garant der *richtigen Partnerwahl*. Hierbei handelt es sich um den ältesten und komplexesten Sinn, der bereits bei der Geburt vollständig ausgereift ist. Schon Neugeborene erkennen ihre Mutter an den Duftstoffen, die von Drüsen an den Brustwarzen abgegeben werden. Die Riechzellen befinden sich in der inneren Nase oberhalb der oberen Nasenmuschel. Um die 400 unterschiedliche Rezeptoren sorgen beim Menschen für die Geruchswahrnehmung. Von den Riechrezeptoren führen Faserverbindungen zum Bulbus olfaktorius, dem Riechkolben, der unser primäres Riechzentrum darstellt. Von hier aus gibt es nun Verbindungen zur Amygdala, unserem Angst- und Emotionszentrum. Dieser Schaltkreis ist vor allem für die Vermittlung der Gefühle zuständig, die wir empfinden, wenn wir einen Duft riechen. Der enge Zusammenhang der anatomischen Verbindung des Geruchs-

sinns mit dem limbischen System (siehe im Anhang »Anatomie des Gehirns«) stellt auch eine Sonderstellung in Lernprozessen dar, denn Informationen, die mit Emotionen und Gefühlen verknüpft sind, lassen sich viel besser lernen und speichern.

Unangenehme Gerüche können Schutzreflexe wie Ekel, Erbrechen und Würgen auslösen. Geruchswahrnehmungen müssen nicht, wie Vokabeln, gelernt werden, sondern werden sofort im Hippocampus, unserem Gedächtnisspeicher, verarbeitet und abgelegt. Des Weiteren ist der Riechkolben auch nervös mit dem Hypothalamus verknüpft, der unter anderem wesentlich an der Steuerung der Nahrungsaufnahme und des Sexualverhaltens beteiligt ist. Geruch und Geschmack interagieren und beeinflussen sich gegenseitig und können auch damit verbundene Erinnerungen wieder wachrufen.

Alles Lebendige hat seinen eigenen Duft: Erde – Wasser – Regen – Pflanzen – Blüten – Haut – Tiere – Menschen. Der Geruchssinn lässt sich trainieren. Geübte können ungefähr 10 000 verschiedene Gerüche unterscheiden, und diese Fähigkeit bietet ungeahnte Möglichkeiten der Orientierung. Beachtenswert ist die Tatsache, dass der elementare, lebensnotwendige Vorgang der Sauerstoffaufnahme beim Atmen durch die Nase immer mit dem Geruchssinn verbunden ist. Um zu leben, müssen wir atmen, und durch das Atmen nehmen wir Gerüche wahr.

—— **Eine Selbsterfahrungsübung** ——————

Verdampfen Sie ein bestimmtes ätherisches Öl, wie zum Beispiel Rosmarin, Melisse, Thymian, Vanille oder Rose, in einem dunklen, nur von einer Kerze beleuchteten Raum. Machen Sie es sich bequem, entspannen Sie, und lassen Sie die Eindrücke und Gefühle der Duftwahrnehmung hochkommen. Schreiben Sie Ihre Erfahrungen und Bilder danach auf. Sie werden erstaunt sein, wie viel Sie auf diesem Weg über sich selbst erfahren.

Es gibt apokrine Schweißdrüsen, die durch Sexualhormone gesteuert werden. Sie befinden sich an den behaarten Zonen des Körpers und sind im Schambereich, Nabel, Brust und den Achseln lokalisiert. Im Zusammenspiel mit der individuellen Bakterienflora der Haut entsteht die charakteristische Duftnote eines Menschen. Die ekkrinen Schweißdrüsen, die über den ganzen Körper verteilt sind, regeln die Temperatur. Mikroorganismen auf unserer Haut zerlegen die organischen Komponenten des Schweißes in die unangenehm riechende Buttersäure. Schweißdrüsen sind übrigens Hochleistungsdrüsen, denn sie können zwei Liter Schweiß und mehr in einer Stunde produzieren.

Jeder Mensch hat einen genetisch festgelegten, individuellen, einzigartigen Körpergeruch, der als gut, erotisierend bis abstoßend wahrgenommen werden kann. Nahrungsgewohnheiten, Stoffwechselkrankheiten, Erkrankungen der Zähne und des Zahnfleischs, Trinkverhalten, falsches Schuhwerk, mangelnde Hygiene, Menses, Medikamente wie auch die Pille und noch vieles mehr beeinflussen ebenfalls den Körpergeruch. Die größten Abtörner sind Mundgeruch und Fußschweiß. Ein herzliches Lachen wirkt besonders dann anziehend, wenn sich das Gegenüber mit schönen Zähnen und frischem Atem konfrontiert sieht.

Eine gesunde Bakterienflora und ein flüssiger Spülspeichel sind dafür die besten Voraussetzungen.

Fremde Menschen kommen uns heutzutage oft sehr nah. Dicht gedrängt in der U-Bahn, in Aufzügen, bei Konzerten und Veranstaltungen sind wir den Körperdüften der anderen unweigerlich ausgesetzt, da die Nase 24 Stunden am Tag arbeitet. Zusätzlich beeinflussen uns Pheromone, organische Duftmoleküle, die über bestimmte Rezeptoren unbewusst wahrgenommen werden. Sie dienen der biochemischen Kommunikation und haben Signalwirkung auf das Sexualverhalten und die genetische Beschaffenheit des Partners. Jede Duftinformation beeinflusst unser Gehirn und weckt Emotionen.

Wenn wir also auf Partnersuche gehen, sollten wir einen Lebensstil pflegen, der unseren Körpergeruch nicht zusätzlich negativ beeinflusst. Um sich riechen zu können, sollte die eigene Duftnote dabei jedoch nicht völlig ausgelöscht werden durch übertriebene Hygiene oder das Tragen eines nicht passenden Parfüms, da sonst keine oder falsche Botschaften vermittelt werden. Doch es ist pure Lebensfreude, mit einem besonderen Duft die individuelle Körperduftnote zu verstärken, um damit bei sich und anderen wundervolle Gefühle auszulösen.

Vierte Hürde: der Humor
Lachen lebt vom Vertrauen. Es gibt nichts Ansteckenderes, als zum Beispiel das Glucksen eines Babys oder das herzerfrischende Lachen eines Kindes. Deshalb sind Stimme, Lachen und Humor wichtige Faktoren bei der Partnerwahl. Wir achten besonders am Anfang

einer Beziehung sehr genau auf Tonfall, Stimmfarbe, Art der Kommunikation, Form des Mundes, Mimik usw. Warum wünschen sich Frauen einen Mann, der sie zum Lachen bringt? Warum lieben Männer lustige, lachende, heitere Frauen? Diese Attribute können den Partnern im Idealfall signalisieren, dass eine eher unbeschwerte, leichte, schöne, spannende Zeit bevorsteht und mögliche Konflikte durch eine humorvolle Einstellung besser gemeistert werden können.

Fünfte Hürde: der erste Kuss
Volle Lippen sind ein Symbol für Sexappeal, was bei Frauen durch das Auftragen von rotem Lippenstift noch verstärkt wird. Der Kuss ist eine intime Berührung, da hier zwei Menschen eine sehr nahe, grenzüberschreitende Verbindung eingehen. Jetzt beginnt eine der wichtigsten Phasen der Begegnung. Erinnern Sie sich noch an Ihren ersten Kuss? Ich erinnere mich noch ganz genau daran. Ein Sprichwort sagt: *Durch einen Kuss spricht die Seele!*

Doch wir alle kennen auch ganz andere Gefühle nach einem Kuss. Es beginnt wunderschön, der Flirt, der Körpergeruch, die Worte – alles wunderbar, bis zum ersten Kuss. Und sofort ist klar: Das wird nichts, da fehlt etwas. Ja, aber was genau fehlt da eigentlich?

Beim Küssen berühren sich zwei weiche Lippenpaare – der Inbegriff von Nähe, Zärtlichkeit und Zuneigung. Das Zungenspiel und das Saugen an Ober- und Unterlippe ahmen den Saugreflex nach. Wie durch Zauberei werden wir dabei in einen unglaublich wohligen Zustand versetzt. Diese Gefühle kennt unser Körper. Küssen verbindet zwei Menschen ähnlich wie das Neugeborene über den Saugreflex mit der Mutter. Deshalb können wir sicher sein, dass bereits beim Küssen die entsprechenden somatischen Marker, die damals in unserem Gedächtnisspeicher, dem Hippocampus, abgelegt wurden, aktiviert und abgerufen werden. Und wieder beginnt das gleiche Spiel wie damals als Säugling. Hirneigene Botenstoffe werden ausgeschüttet, überfluten den ganzen Körper, besetzen die entsprechenden Bindungsstellen im Gehirn und im gesamten Organismus, lassen uns erschauern und schaffen die Voraussetzung für mehr Vertrauen, Zuwendung und Liebe. Eine freudige Erwartungshaltung verstärkt den positiven Regelkreis der Gefühle und signalisiert uns, ob es sich lohnen wird, weiterzumachen.

Zurück zu unserer Enttäuschung mit dem neuen Flirtpartner. Wenn beim Küssen die wohligen Empfindungen ausbleiben, dann wird auch kein Oxytocin produziert, und die Lust auf mehr will sich einfach nicht einstellen. Im positiven Fall jedoch dient Küssen als Türöffner für weitere sexuelle Begegnung und sexuelles Verlangen. In Indien und Japan gehört der Zungenkuss bereits zum Vorspiel und hat als sexuelle Handlung nichts in der Öffentlichkeit zu suchen, ja, stellt sogar eine Belästigung dar. Wir gehen heute sehr offen und tolerant damit um, doch möchte ich Sie wieder sensibilisieren und Ihnen aufzeigen, wie wichtig und geheimnisvoll diese erste grenzüberschreitende, sinnliche Begegnung ist und wie achtsam wir dabei sein sollten, damit die richtigen weiteren Entscheidungen getroffen werden können. Schließlich werden hier Botenstoffe erzeugt, die unsere Gefühls- und Gehirnwelten enorm beeinflussen.

Ich habe ganz bewusst den Ablauf der fünf wichtigsten Hürden beschrieben, um darauf aufmerksam zu machen, unter welchen Umständen die begehrten Botenstoffe erzeugt werden und wie sie uns auch körperlich beeinflussen. Wir Menschen sind Bindungsgeschöpfe. Wenn nun zum Beispiel bestimmte Hürden übersprungen werden, hat dies immer auch seelische und körperliche Konsequenzen. Fangen wir beispielsweise mit dem Flirt im Internet an und empfinden beim Chatten sehr viel geistige Nähe, flaut möglicherweise die erotische Erwartungshaltung schon beim ersten Date wieder ab, da ja die anderen Hürden ebenfalls gemeistert werden müssen.

Damit die Glückstankstelle Sexualität mit dem Partner auch wirklich immer wieder Glücksgefühle hervorbringt, benötigt jeder einzelne Vorgang von Frau und Mann Aktion, Fantasie und erotische Fähigkeiten. Wer also Leidenschaft, Prickeln, Gänsehaut, schöne Stunden und tiefe Glücksgefühle erleben möchte, muss etwas dafür tun. Ein Motor benötigt Elektrizität, um zu funktionieren, doch was benötigen wir Menschen, um Liebesgefühle miteinander zu teilen und zu erleben?

Entspannung – Ladung – Spannung – Entladung – Entspannung

Die Welt der Liebe beginnt im Zustand der *Entspannung*. Anspannung und Erwartungshaltung sind Gift für die schönen Stunden zu zweit, denn nur in der Entspannung funktionieren die Organe der Liebe. Die Erektion lässt sich nicht durch bewusste Willenskraft herstellen. Sie entsteht, wenn entsprechende Zentren im Gehirn gereizt werden. Nervenimpulse aktivieren ganz bestimmte Enzyme, die die Sperrarterien im Schwellkörper des Penis entspannen. Erst dann kann das Blut einströmen. Der Penis wird steif, und es entsteht ein verstärkter Innendruck, der für den Samenausstoß benötigt wird.

Durchblutung heißt deshalb das Zauberwort für Männer und Frauen, und sie sollten einen Lebensstil pflegen, der Blut und Gefäße ein Leben lang gesund erhält. Nur in der Entspannung produzieren Schleimhaut und Drüsen der Vagina die für den Akt benötigten Sekrete. Schamlippen und Klitoris schwellen an und sorgen für die schönen Empfindungen beim Akt. Oberstes Ziel ist es also, den geliebten Partner in die Entspannung zu führen. Düfte erreichen auf direktem Weg das limbische System und können darum zur Entspannung hervorragend eingesetzt werden.

— **Rezept für ein Gewürzbad** —

Zwei Tropfen Rosenöl, zwei Tropfen Vanilleöl, ein Tropfen Zimtöl, vier Tropfen Sandelholzöl, zwei Esslöffel Mandelöl.

Alle Öle in Mandelöl mit einem Teelöffel Honig auflösen, langsam ins Badewasser geben, Rosenblätter verteilen und dann mit dem/der Liebsten ein Bad nehmen und genießen.

Baden wie die Königin von Saba

Dazu benötigen Sie einen halben Liter Milch, einen Viertelliter Sahne, drei bis vier Esslöffel flüssigen Honig und einige Tropfen ätherischer Lieblingsöle. Die duftende Mischung in das warme Badewasser geben und den Partner dazu einladen. Für die magischen Öle der Zärtlichkeit, sinnlicher Badefreuden oder Aromamassagen eignen sich ganz besonders die ätherischen Öle der Rose, Narzisse, Tuberose, Zistrose, Sandelholz, Zimt, Orange, Vanille, Honig und Jasmin. Wir verbinden uns sozusagen direkt mit dem Duft der Pflanze und nehmen ihre Botschaft wahr.

Liebe über alle Grenzen hinaus ist die Pflanzenbotschaft der Rose. Ihr ätherisches Öl stellt eine weiche und warme Atmosphäre her. Durch den Duft öffnen wir unser Herz für die Liebe zur ganzen Welt. Güte, Milde und Verständnis stellen sich ein.

Lass dich fallen, gib dich hin ist die Pflanzenbotschaft von Jasmin. Dieser schwere Duft ist das Tor zum Paradies im Hier und Jetzt. Er entführt uns in die Welt des Vergessens und Auflösens. Mit einigen Tropfen sorgen wir für Sinnlichkeit und Hingabe bei uns und unserem Partner.

Du brauchst nichts zu tun, lass dich verwöhnen ist die Pflanzenbotschaft von Geranium. Dieser Duft entspannt, beruhigt die Nerven, stellt das innere Gleichgewicht wieder her und vertreibt depressive Verstimmungen.

Was gibt es Schöneres, als dem Partner eine wohltuende Massage anzubieten mit Mandelöl und einigen Tropfen der magischen Öle? Während wir den geliebten Körper berühren und verwöhnen, lösen die Düfte Verspannungen und aktivieren gleichzeitig Oxytocin. Heutzutage ist es üblich, sich vom Arzt Massagen verordnen zu lassen oder Wellness-Angebote zu nutzen (siehe hierzu auch »Die Heilkraft der Massage« im Kapitel »Gesundheit und Lebensfreude«), um sich verwöhnen zu lassen, anstatt diese Fähigkeit zu erlernen und mit unserem Partner zu teilen.

Es gibt viele Gemüse und Gewürze, die die Sinne anregen. So lassen sich aus Aubergine, Chili, Feigen, Fenchel, Ginseng, Honig, Ingwer, Kardamom, Kürbis, Meerrettich, Muskatnuss, Nelken, Petersilie, Pfeffer, Piment, Rosmarin, Safran, Sellerie, Spargel, Zimt wunderbare Gerichte zaubern.

—— **Rezept für einen Sellerie-Kokos-Salat** ——
Zwei Esslöffel Vollmilchjoghurt, zwei Knoblauchzehen, Saft einer halben Zitrone, Salz, Pfeffer, sechs Stangen Sellerie geraspelt, vier bis fünf Esslöffel geriebene Kokosnuss, frische Pfefferminzblätter. Joghurt, gepressten Knoblauch und Zitronensaft vermischen, mit Salz und frischem Pfeffer abschmecken. Sellerie und Kokosnuss dazugeben und mit frischer Minze dekorieren.

Menschen, die von ihren Partnern verwöhnt werden und eintauchen dürfen in die Zauberwelten der Liebe, geben gerne wieder etwas zurück, und wir können darauf vertrauen, dass dieser Deal immer stimmt. Natürlich darf Entspannung und anschließendes Einschlafen sein. Wem jedoch der Sinn nach mehr steht, muss nun für *Ladung* sorgen. Neben der Massage ist die richtige Auswahl der Musik ganz entscheidend für Erotik und Sinnlichkeit. Düfte, Musik, ein Glas Wein, die Aufforderung zum Tanz, alles ist erlaubt, um eine knisternde Stimmung zu erzeugen. Unser Sexualtrieb muss sozusagen über erotische Fähigkeiten immer wieder geweckt werden. Das urweibliche trifft auf das urmännliche Prinzip.

Erfüllte Sexualität benötigt *Spannung*. Indem sich der Mann auf die Frau einlässt und die Frau auf den Mann, empfinden beide über die körperliche Liebe und Vereinigung größte Nähe und Verbundenheit. Auf dem Höhepunkt dieser Verbindung kommt es zur *Entladung*, zum Orgasmus. Über die Orgasmusfähigkeit der Frauen wurde schon viel geforscht. Die Klitoris ist der Nervenknotenpunkt, auf den es beim Orgasmus ankommt. Beate Uhse sprach ganz eindeutig vom Märchen des vaginalen Orgasmus und machte schon sehr früh darauf aufmerksam, dass viele Frauen beim Akt zusätzlich den seitlichen Druck auf die Klitoris benötigen, um zum Höhepunkt zu kommen. Dabei sind die Beine eher geschlossen, was durchaus nicht der Fantasiewelt der Männer entspricht.

Die Durchblutung der Genitalien, die Aktivierung von Oxytocin während der zärtlichen Berührungen, das Vertrauen, sich fallen lassen zu dürfen, die Stellung während des Aktes und weitere Berührungen sind also entscheidend für die Orgasmusfähigkeit und die Intensität der Gefühle. Gerade deshalb ist es wichtig, dass die Frau weiß, auf welche Weise sie berührt werden will und welche Stellungen sie braucht. Oxytocin dockt während des Akts vermehrt an den entsprechenden Rezeptoren in Vagina und Samenleitern an und sorgt dadurch für Kontraktionen der glatten Muskulatur in diesen Geweben. Dies löst nun die unglaublich intensiven Gefühle aus, besonders, wenn wir uns in einem Zustand tiefen Vertrauens befinden.

Die Natur hat es so eingerichtet, dass bei einem gesunden Mann durch einen visuellen sexuellen Reiz die physiologischen Abläufe wunderbar in Fluss kommen. Ist es nicht schlau, dass die Evolution ihr Fortbestehen an wunderbare Gefühle gekoppelt hat? Unser Gedächtnisspeicher hat diese Gefühlswelten natürlich wieder sorgfältig abgelegt und öffnet die Schubladen bei entsprechenden Gelegenheiten. Das Gehirn produziert dabei die ausgleichenden Botenstoffe und hilft so dem Organismus, mit möglichst wenig Energieaufwand Ausgleich und Balance herzustellen.

Nach der Entladung kommt es nun wieder zur *Entspannung*. Dabei fühlen wir uns auf innige Weise verbunden und haben die Kraft, den nächsten Tag mit all seinen Herausforderungen besser zu meistern. Beim Sex wird auch Prolaktin ausgeschüttet. Dies führt besonders bei Männern zu einem guten Schlaf danach.

Die Vorstellung, den Orgasmus gemeinsam zu erleben, kann die Liebenden bereits wieder unter Stress setzen. Männer sind gerne bereit, die Frau nach ihrem eigenen Höhepunkt noch weiter zu verwöhnen, so wie sie es braucht, damit auch sie zum Orgasmus kommt. Sie sind ja ebenfalls überflutet mit Oxytocin und darum unendlich empathisch und einfühlsam in diesen Momenten. Wozu also das Theater, den Orgasmus vorzuspielen? Denn davon haben beide nicht wirklich etwas.

— Zwei Fallgeschichten

Die Patientin Sabine B. berichtete mir, dass ihr Mann jeden Abend Sex mit ihr haben wollte, weil er sonst nicht einschlafen könne. Aus Liebe zu ihm ließ sie es deshalb geschehen. Um wieder mehr Prickeln beim Sex zu erleben, hatte sie allerdings gleichzeitig eine Affäre.

Ich riet ihr, sich mehr abzugrenzen, um wieder Spannung entstehen zu lassen, doch schien ihr dies aufgrund des jahrelangen Rituals schwerzufallen. Es war ihr nicht bewusst, dass ihr Verhalten als vermeintlich brave Ehefrau eigentlich eher an Prostitution erinnert, denn sie tat etwas, was sie nicht wirklich mochte. Zusätzlich bereitete ihr der Seitensprung Schuldgefühle. Dem Mann war nicht klar, dass er mit seinem Wunsch zwar bei sich das Schlafhormon Prolaktin aktivierte, aber nicht wirklich für die Glücksmoleküle bei seiner Frau sorgte. Und er bekam gar nicht mit, dass er mit diesem scheinbar so harmlosen Eheritual seine Ehe sogar gefährdete.

Eine andere Patientin berichtete, dass sie während des Akts mit ihrem Mann genauso gut Zeitung lesen könnte, denn sie ließ es völlig unbeteiligt geschehen. Diese Pflichtübung sei eben notwendig, damit er nicht nach einer anderen Frau Ausschau halte. Sie verstand dies als ehelich abgesegnete, brave Pflicht – ohne darüber nachzudenken, wie sehr sie sich und ihrem Mann seelisch damit schadete.

Die Routine des Alltags erfordert für Paare immer wieder Fantasie und Mut zum Risiko, denn nur wer etwas wagt, kann im Spiel der Liebe gewinnen. Während wir im Kino gebannt die Geschichten von Liebe, Hass und Leidenschaft verfolgen, herrscht zu Hause täglich Langeweile. Es gilt, *aktiv* Lust zu gestalten, denn Paarforscher haben herausgefunden, dass sich aufregende Situationen besonders zum Verlieben eignen. Reisen, spannende Unternehmungen und sportliche Aktivitäten bringen wieder Schwung in die Partnerschaft. Dabei lernen wir andere Seiten am Partner kennen und verlieben uns vielleicht wieder neu in ihn.

Der Persönlichkeitscoach Hermann Meyer beschreibt in seinem Buch *Jackpot des Lebens* die vielen verschiedenen Ebenen einer Partnerschaft. Es gibt die seelische, geistige, materielle, sexuelle, erotische Ebene, die Ebene des Humors, der Freizeit, der Kommunikation, um nur die wichtigsten zu nennen. Auf all diesen Gebieten sind Fähigkeiten zu entwickeln, denn wir können ja nur in Beziehung treten, wenn bereits Anlagen ausgebildet wurden. Entscheidend ist also, auf welchen Ebenen die Partner eine ähnliche Wellenlänge haben. So können zwei durchaus humorvolle Menschen nur dann Spaß miteinander erleben, wenn ihr Humor ähnlich gelagert ist. Paare sollten nicht immer nur auf gleichzeitige Lustgefühle warten, sondern ähnlich vorgehen wie beim Sport: Nach den ersten Runden Joggen fühlt man sich anfangs auch oft lustlos und schwerfällig, dann immer leichtfüßiger und am Ende glücklich und zufrieden. Eine momentane Lustlosigkeit kann durch zärtliche Kontaktaufnahme des Partners jederzeit verändert werden, und die gemeinsam verbrachte Zeit kann sich vielleicht noch zu den schönsten Stunden des Tages entwickeln.

Man hat übrigens herausgefunden, dass ein Drittel der sexuellen Wünsche durch den Partner erfüllt werden, ein Drittel der Fantasien unerfüllt bleibt und ein Drittel gelebt werden könnte, wenn Paare nur mehr Mut hätten, sich darüber auszutauschen.

The Erectoman

Die Natur hat tief in die Trickkiste gegriffen, um ein so komplexes Organ wie den Penis zu schaffen, denn er kann steif werden, ohne einen Knochen zu besitzen. Ein fein abgestimmtes hormonelles und mechanisches Zusammenspiel sichert die Potenz des Mannes. Seine Erektionsfähigkeit hängt dabei von mehreren Faktoren ab, und es lohnt sich, die physiologischen Abläufe genau zu verstehen.

Die Angst zu versagen führt bei Männern zu Anspannung, Potenzstörungen und Vertrauensverlust in die eigenen Körperfunktionen. Deshalb waren und sind potenzsteigernde Mittel zu allen Zeiten weltweit für Männer von größtem Interesse.

Viagra, *die Pille davor,* wird seit ungefähr zehn Jahren trotz erheblicher Nebenwirkungen weltweit von 50 Millionen Männern geschluckt. Das Medikament wurde eigentlich als Herzmittel entwickelt, wo es allerdings keine Wirkung zeigte. Als Nebenwirkung verursachte es jedoch bei den männlichen Patienten erstaunliche Erektionen. Also schwenkte man um, und das Medikament bekam 1998 eine Zulassung als Potenzmittel bei erektiler Dysfunktion.

Die Lust auf Sex wird durch Viagra jedoch nicht aktiviert. Sie wird durch freies Testosteron ausgelöst. Deshalb sind Lebensstil und Psyche für die Gesundheit eines Mannes von so großer Bedeutung.

Damit das Wunder der männlichen Lust, die Erektion, ein Leben lang funktioniert, sollten Männer neben einer positiven Lebenseinstellung für ausreichend Schlaf, Bewegung, Aktivität und eine vitalstoffreiche Ernährung sorgen. In einem gesunden Organismus werden Aktivierung und Hemmung von Enzymen durch ein äußerst individuell abgestimmtes Hormonprofil geregelt. Medikamente und Hormongaben behindern diese feinstoffliche Welt und verursachen Nebenwirkungen mit nicht unerheblichen gesundheitlichen Folgen.

So leben wir heute in einer Zeit, in der die Pille *davor* beim Mann zur Erektion führt, um den Zeugungsakt ausführen zu können, damit dann die Frau mit der Pille *danach* diese Zeugung wieder verhindert. Seit es Viagra gibt, soll der Verbrauch von merkwürdigen Potenzmitteln wie beispielsweise Pulvern aus Tigerpenissen zurückgegangen sein. Dies wäre in jedem Fall ein Vorteil für die betroffenen Tiere, doch es sollte gelingen, den Aberglauben in Sachen Potenzmittel vollständig abzulegen und vernünftige Entscheidungen für ein selbstbestimmtes, aktives Leben und Liebesleben zu treffen.

Viele Männer haben ein Problem mit der Größe ihres Penis, weshalb sich chirurgische Eingriffe wie Penisverlängerungen einer immer größer werdenden Beliebtheit erfreuen. Es handelt sich jedoch lediglich um eine optische Korrektur. Bei dem Eingriff werden die Aufhängebänder des Penis durchtrennt, sodass er im schlaffen Zustand länger aussieht. Die Schwellkörper jedoch können nicht verlängert werden.

Die Missionarsstellung

Erogene Zonen sind Zentren der Lust. Etwa 80 000 Nervenenden befinden sich auf der Hautoberfläche des menschlichen Körpers und sorgen bei Stimulierung für sexuelle Erregung. Da die Verteilung der erogenen Zonen sehr individuell ist, lohnt es sich, beim Partner auf Entdeckungsreise zu gehen.

Männer wissen ganz genau, dass bei Frauen Nacken, Ohren und Hals besonders empfindlich sind, was vielleicht damit zusammenhängt, dass die Weibchen in der Tierwelt seit Millionen von Jahren von hinten begattet werden. Dabei halten die männlichen Tiere das Weibchen über einen mehr oder weniger zarten Biss in den Nacken in der entsprechenden Position fest. Nur der Mensch hat im Laufe seiner Entwicklung gelernt, die sogenannte Missionarsstellung ganz besonders zu genießen. Dabei liegt die Frau mit geöffneten Schenkeln auf dem Rücken. Der Mann liegt oder kniet über ihr und stützt sich mit den Armen ab. Warum ist genau diese Stellung so bedeutsam für ein Paar? Während der Vereinigung können sich beide tief in die Augen sehen, sich liebevolle Worte zuflüstern, sich innig küssen, streicheln und betrachten. Dadurch entstehen tiefe Verbundenheitsgefühle, die große Mengen Oxytocin aktivieren und die liebevollen Gefühle noch verstärken.

Doch die so innige Stellung hat auch Nachteile. Nicht nur, dass die Bewegungsfreiheit für Mann und Frau stark eingeschränkt ist, kommen viele Frauen in dieser Stellung nicht zum Höhepunkt, weil der seitliche Druck auf die Klitoris fehlt. Deshalb ist es in jedem Falle ratsam, experimentierfreudig zu bleiben und weitere Stellungen auszuprobieren, die neben tiefen Glücksgefühlen auch zum Orgasmus führen.

—— **Warum sind Bonobos so friedfertig?** ——————
Bonobos sind Zwergschimpansen und eine Primatenart aus der Familie der Menschenaffen. Sie leben in den Bäumen der tropischen Regenwälder im Kongo. Bis heute erforscht man ihr friedliches Sozialverhalten, das von

dem anderer Menschenaffen ganz wesentlich abweicht. Man beobachtete bei Weibchen häufig, dass sie die Führungsrolle übernehmen; eine Dominanz der Männchen über die Weibchen wurde selten festgestellt. Außerdem praktizieren Bonobos eine Vielfalt von Sexualtechniken. Neben der auffallenden Häufigkeit von Sexualkontakten kann man bei den Tieren sehr oft die Missionarsstellung, Zungenküsse und Oralsex beobachten.

Bonobos aktivieren mit ihrem Sexualverhalten die Kuschelhormone, was der Grund für ihr harmonisches Zusammenleben sein könnte. Bindungshormone machen eben auch Bonobos einfühlsamer und friedlicher.

Die verschiedenen Beziehungsformen

Obwohl viele Menschen unseres Kulturkreises heute dem Ideal einer festen und monogamen Beziehung entfliehen wollen und nach neuen Formen des Zusammenlebens suchen, scheint es nicht so einfach zu sein, diese in die Praxis umzusetzen. Dabei ist ausschlaggebend, ob und inwieweit die seelische Stabilität durch das Ausprobieren freierer Liebes- und Beziehungsformen bereichert oder aber gefährdet wird. Wie schon weiter oben ausgeführt, ist gerade die Sexualität bestens geeignet, die begehrten Botenstoffe zu aktivieren. Doch es kommt hier entscheidend auf unsere seelische Prägung an und ob wir so flexibel sind, neue Gefühlsprogramme in unserem Gehirn zu speichern.

Monogamie

In der westlichen Welt bedeutet Monogamie die Entscheidung, mit einem einzigen Sexualpartner zusammenzuleben. Glaubt man den Sexualforschern Christopher Ryan und Cacilda Jethá, dann führt das beliebte Familienmodell zu lebenslanger Folter. Nach ihren Forschungen sind wir Menschen von Natur aus nicht monogam angelegt, sondern durch kulturelle und religiöse Rahmenbedingen monogam geprägt. Prof. Volkmar Sigusch hingegen, ebenfalls Sexualforscher, ist wie ich davon überzeugt, dass monogame Beziehungsformen darum so beliebt und auch verbreitet sind, weil sie am besten zu unserer seelischen Prägung passen. Er betont außerdem, dass wir sexuell noch immer eine weitgehend unwissende Gesellschaft seien.

Die seelische Prägung erfolgt durch die Eltern innerhalb der Kleinfamilie. Deshalb fühlen wir uns auf eine ganz bestimmte Weise geborgen und geliebt. Auch wenn 40 Prozent der Ehen in Deutschland nach durchschnittlich 9,5 Jahren geschieden werden, entscheiden sich die meisten Frauen und Männer wieder für eine monogame Beziehung. In ihr konzentrieren sich zwei Menschen aufeinander, entdecken immer mehr Gemeinsamkeiten, bauen weitere Glückstankstellen wie Hobbys, Reisen, Kinder, Freunde usw. auf und aktivieren dabei gegenseitige Liebeshormone. Der Ring – als Ehesymbol – dient als Zeichen der ewigen Verbundenheit. Selbst wenn die Sexualität vorübergehend oder ganz ausfällt, gibt es noch all die anderen Gemeinsamkeiten und deshalb keinen Grund, sich zu trennen. Deshalb kann nicht von Frust und

Folter gesprochen werden, wenn sich sexuelle Lust und Begehren verabschieden. Vielleicht sind wir Menschen polygam angelegt, wissen aber instinktiv um die sichere Quelle der Glücksmoleküle in einer monogamen Beziehung.

Die Entscheidung zur ehelichen Treue darf deshalb nicht mit dem biologischen Verhalten der Tiere verglichen werden und ist völlig anders zu werten. Natürlich wissen wir, dass wir in einer monogamen Ehe nicht immer alle Ebenen der Partnerschaft verwirklichen können. Deshalb wäre es doch nur nachvollziehbar, mit weiteren Partnern andere wichtige Ebenen zu leben. Dies klingt sehr logisch für unseren Verstand, aber nicht immer für unser Herz bzw. für unseren Gedächtnisspeicher und Mandelkern. Um neue Beziehungsformen bereichernd zu erleben, müssen wir entweder schon von Kind an entsprechend geprägt werden oder erst mühsam neue Gefühle einüben. Ein Mädchen in Afrika, dessen Mutter als dritte Frau des Mannes in der Gemeinschaft lebt, ist von klein auf an diese Situation gewöhnt. Ihr Gefühlserleben ist völlig anders als unseres.

Gerade weil wir uns aktiv für die Liebe mit einem Menschen entscheiden, unterscheiden wir uns gleichzeitig von allen Tieren. Wir Menschen wollen über unsere Liebesbeziehungen viele weitere Glückstankstellen aufbauen und versuchen zumindest, auf neue sexuelle Abenteuer zu verzichten, damit die Gefühlswelten nicht durcheinandergeraten. Die eheliche Treue sichert also weiteres Glück, und es kommt darauf an, mit wie viel Lebendigkeit, Fantasie und Respekt wir unser Paarleben füllen. Unter diesem Aspekt kann tatsächlich weniger (Sexualpartner) ein Mehr an Liebe und Glück bedeuten.

Viele Menschen entscheiden sich heute für eine *serielle Monogamie*. Wenn die Ehe nicht mehr als glücklich empfunden wird, erfolgt die Scheidung, um dann erneut zu heiraten. Auf diese Weise können ebenfalls mehrere Partner, aber nacheinander und gesellschaftlich anerkannt, geliebt werden, und dies so, wie die Seele es braucht und mag.

Liebe ist ein dynamischer Vorgang, der jeden Tag von zwei Menschen neu definiert werden muss. Das einmal gegebene Ja-Wort zur Ehe wird täglich von vielen Faktoren beeinflusst. Jede Empfindung, jeder Wunsch, jedes Bedürfnis, jeder Gedanke verändert unser Sein und damit unsere Einstellung zu uns selbst und unserem Partner. Eine realistische Chance hat die Liebe nur dann, wenn sich jeder seinem Wesen entsprechend entfalten und entwickeln kann und darf. Eine glückliche, fördernde Partnerschaft fällt also nicht vom Himmel, sondern es muss jeden Tag aktiv etwas dafür getan werden.

Mit am wichtigsten ist, wie wir miteinander kommunizieren. Wir sollten uns bemühen, immer dialog- und diskussionsfähiger zu werden. Wie sieht es außerdem aus mit unserem Zärtlichkeitspotenzial? Können wir genug Wärme und Geborgenheit vermitteln? Eine gelungene Partnerschaft benötigt auch Abgrenzungs- und Wahrnehmungsfähigkeiten.

Krisen sind völlig normal und im eigentlichen Sinne wichtige Informationsquellen, meint der Paartherapeut Michael Mary. Wenn zwei Egos aufeinanderprallen, ist auch Streiten in Ordnung, da nicht alle Dinge friedlich gesagt und harmonisch gelöst werden können. Doch es ist wichtig, Harmonie-, Friedens- und Kompromissfähigkeiten einzuüben. Innerhalb einer Liebesbeziehung wechseln die Liebesgefühle zwischen partnerschaftlich, leidenschaftlich, freundschaftlich und wohlwollend, und es besteht immer wieder Regulierungsbedarf.

Polyamorie
Hier beschließen Menschen, Liebesbeziehungen mit mehr als einem Menschen zur gleichen Zeit zu haben, und zwar mit dem Wissen und Einverständnis aller beteiligten Partner.

Polyamore Beziehungen sind ebenfalls auf Vertrauen, Langfristigkeit, Freundschaft, Wohlergehen und Liebe angelegt. Es wird den Partnern zugetraut, mit den jeweiligen Gedanken und Emotionen umgehen zu können.

Polyamorie grenzt sich ganz entschieden ab von der patriarchalen Polygamie, bei der ein Mann mehrere Frauen hat. Auch Swingen ist damit nicht gemeint, weil dabei einzeln oder gemeinsam relativ anonymer Sex ausgeübt wird. Damit diese Liebesform auch tatsächlich zu einer Bereicherung wird, ist sie an bestimmte Bedingungen geknüpft:

- Transparenz und Ehrlichkeit: Liebesbeziehungen werden nicht geheim gehalten.
- Es besteht Wahlfreiheit für Frauen und Männer gleichermaßen.
- Es herrscht Gleichberechtigung der Bedürfnisse.
- Es wird offen kommuniziert, um gemeinsam gute Lösungen zu finden.

In der Polyamorie-Szene haben sich auch Begriffe wie Primär-, Sekundär- und Tertiärbeziehung herausgebildet, wobei es viele weitere Konstellationsmöglichkeiten gibt. Denken wir aber auch daran, dass wir noch immer die althergebrachten Zwischenhirn-Liebesmuster besitzen und wirklich neue Gefühlsprogramme erst speichern müssen, um mit Gefühlen wie Selbstwertkonflikt, Eifersucht, Verlustängsten, Verunsicherung usw. umgehen zu können. Hier braucht es sicher noch sehr viel Übung, Austausch und neue Vorbilder.

Auch polyamore Menschen treffen eine aktive Entscheidung. Der Nutzen besteht darin, von mehreren Seiten Unterstützung, Liebe und Zuwendung zu erhalten. Es stellt sich jedoch die Frage, inwieweit wirklich alles genau abgesprochen werden kann. Wie will man sich beispielsweise dem heiklen Thema der Verhütung und dem Schutz vor Geschlechtskrankheiten und Aids nähern? Ist es schon schwierig genug, dies alles mit einem Partner abzuklären – wie kompliziert stellt sich das dann erst mit mehreren Partnern dar, die ja auch wieder Partner haben? Bei all den Diskussionen, die hier nötig sind, können leicht neue Anspannung und Stress entstehen.

Was zunächst ziemlich logisch erscheint, nämlich mehrere Glückstankstellen der Liebe aufzubauen, könnte unter all diesen Umständen eher zur Verunsicherung der Einzelnen führen, wenn die eigene seelische Prägung und die der gemeinsamen Partner unterschiedlich sind.

»Die Liebe ist ein seltsames Spiel« heißt es in einem alten Schlager. Das stimmt insofern, als wir nie wirklich wissen können, inwieweit sexuelle Erfüllung mit

einem Menschen und die damit verbundene Aktivierung der Botenstoffe das weitere Fühlen und Empfinden beeinflussen. Es braucht sehr viel Reife, Verständnis und Toleranz, um freiere Formen der Liebe als echte Bereicherung und Glück zu erleben. Somit können wir von beiden Formen etwas lernen. Es ist bestimmt sinnvoll, die symbiotischen Zweierbeziehungen aufzubrechen, in der zwei Menschen alles ein Leben lang gemeinsam machen und wo jeder gegengeschlechtliche Mensch als Bedrohung erlebt wird.

Mit dem Wissen um die Bindungshormone und den verschiedenen Ebenen einer Partnerschaft stellt *In-Beziehung-Sein* jedoch immer eine neue Herausforderung dar und benötigt Öffnung, Selbstverwirklichung, Fantasie, erotische Fähigkeiten, aber neben Nähe auch Freiheit, Distanz und neue Erkenntnisse und Sichtweisen, um spannend zu bleiben. Doch was machen Paare, die sich nicht mehr begehren? Schließlich hat jeder Mensch ein Recht auf Sexualität.

— **Zwei Fallgeschichten** —————————————
Die 35-jährige Renate N. liebt ihren Mann. Er ist freundlich, fair, fleißig und hat Stil. Die beiden haben viele gemeinsame Interessen und fühlen sich geborgen. Doch Frau N. ist trotzdem unzufrieden und hat nun nach acht Jahren Ehe eine schwere Entscheidung getroffen. Sie will sich von ihrem Mann trennen, weil sie sich nicht von ihm begehrt fühlt. Vieles hat sie schon versucht und das Thema auch immer wieder angesprochen. Als letzter Ausweg wurde eine Paarberatung in Anspruch genommen. Frau N. schildert dem Therapeuten ihr Dilemma. Sie wünscht sich sehnlichst die liebevolle sexuelle

Verbindung, sprich: die Missionarsstellung. Genau diese Stellung aber interessiert ihren Mann nicht so sehr. Nach einem anstrengenden Arbeitstag empfindet er nur noch Stress und reagiert auf das Ansinnen seiner Frau mit Impotenz und Libidoverlust. Er bemüht sich anders um sie, doch sie vermisst zutiefst das Gefühl der innigen Verbundenheit – und das schon seit Jahren. Aufgrund ihrer seelischen Prägung kommt ein Seitensprung für sie nicht infrage. Die Beratung wird fortgesetzt mit der Hoffnung auf eine glückliche Lösung.

Diese Geschichte zeigt, dass die monogame Prägung auch ihre Schattenseiten haben kann. Trotz der tiefen seelischen Verbundenheit und vieler gemeinsamer Glückstankstellen birgt die beidseitige Vorstellung von Treue gleichzeitig auch die Gefahr der Scheidung. Hier würde man sich wünschen, für polyamore Beziehungen reif zu sein. Dann könnte Frau N. weiter mit ihrem Mann zusammenbleiben und die sexuelle Leidenschaft in einer Sekundärbeziehung leben.

Die 55-jährige Gisela R., die in einem Dorf in der Nähe Rosenheims lebt, merkt in den Wechseljahren, dass sie keinen Sex mehr mit ihrem Mann haben möchte. Die beiden schätzen einander wirklich sehr und haben viele glückliche gemeinsame Jahre verlebt. Sie unternehmen auch jetzt noch viel miteinander und denken nicht an Trennung. Herr R. war sexuell immer sehr aktiv und leidet unter der Situation; ein Seitensprung oder eine Affäre kommen für ihn jedoch nicht infrage. Er liebt seine Frau und will keinen Ärger. Doch er bezahlt diese Entscheidung mit dem Verzicht auf Sexualität.

Auch diese Entscheidung ist nachvollziehbar. Mit der

Liebe zu einer anderen Frau hätte er viel riskiert, und der Verzicht schien wohl das kleinere Übel für ihn zu sein.

Sexuelle Fixierung
Menschen sind sich oft ihrer sexuellen Fixierung gar nicht bewusst. Sie empfinden sich als gute Liebhaber und verstehen nicht, dass dem Partner etwas fehlen könnte.

— **Fallgeschichte** —————————————————————

Otto S. ist ein sehr intelligenter und liebenswerter 49-jähriger Mann. Seine sexuellen Fantasien bewegen sich hauptsächlich um die orale sexuelle Befriedigung. Er ist ganz erfüllt von dem Gedanken, der Beste zu sein und die Partnerin auf diese Weise zum Orgasmus zu bringen. Er selbst erfährt dabei ebenfalls die größte Befriedigung. Deshalb sucht er ganz bewusst nach Frauen, denen sein sexuelles Spiel gefällt. Seine Fantasien nehmen sehr viel Raum ein, und die Partnerin ist zunächst begeistert von der Geduld und Ausdauer, die er beim Liebesspiel zeigt. Doch spürt sie nach einiger Zeit, dass sie stets nur diese Fantasien bedienen muss und es dabei gar nicht um sie als begehrenswerte Person geht. Deshalb entzieht sie sich irgendwann und hat immer weniger Lust auf Sex. Otto S. versteht nicht, warum die Partnerin den Sex mit ihm immer öfter ablehnt, obwohl er sich so viel Mühe gibt.

Auch Otto ist auf der Suche nach Liebe, aber zu seinen Bedingungen. Er glaubt, alles richtig zu machen, doch ist der Deal nicht wirklich für beide Partner stimmig. Nicht fixierte Frauen möchten auf verschiedenste Weise Nähe und Bindung erleben. Da beim Liebesspiel große Mengen der Glückshormone aktiviert werden, entsteht bei ihnen der Wunsch nach mehr Nähe. Otto S. dagegen möchte lieber regelmäßige Treffen mit viel Sex auf seine Weise und weniger Nähe im Alltag.

Damit Sexualität immer wieder eine tiefe und schöne Erfahrung wird, ist es wichtig, die eigenen Bedürfnisse, Vorlieben und Körperreaktionen genau zu kennen und die des Partners wahrzunehmen. Auf bestimmte Vorlieben, wie zum Beispiel Oralsex, kann nicht ein Leben lang verzichtet werden. Wenn aber der Partner diese Vorliebe ablehnt, kann sie auch nicht eingeklagt werden.

Die Geliebte

Wie schon weiter oben ausgeführt, gibt es zwischen Paaren oft sehr viel Wohlwollen und Liebe, aber keinen leidenschaftlichen Sex mehr. Was liegt also näher, als die sexuellen Energien über einen Seitensprung, eine Affäre, wieder in sein Leben zu integrieren? Es ist ja auch ein wunderschönes, kraftvolles Gefühl, sich begehrt und geliebt zu fühlen. Männer machen häufig schon zu Beginn einer Beziehung klar, dass sie gebunden sind, und meinen tatsächlich, durch diese Offenheit alle Gefühlsverwirrungen vermeiden zu können. Die gäbe es aber wahrscheinlich nur dann nicht, wenn beide nach einer Sekundärbeziehung suchen würden, das heißt, gebundener Mann trifft gebundene Frau. Trotz aller Ehrlichkeit kann es also dennoch zu Gefühlsverstrickungen kommen, wenn die Hormone der Leidenschaft im ganzen Körper andocken und nach mehr Nähe rufen.

Der Vorteil einer Geliebten-Position besteht unter anderem darin, dass sich durch die Distanz Sehnsucht und Verlangen steigern. Es gibt keinen langweiligen Alltag, keine Routine, sondern Leidenschaft pur bei jedem Treffen. Als Nachteil erweist sich allerdings die Tatsache, keine Zukunft mit dem Liebsten planen zu können. Die Distanz schafft außerdem oft Verunsicherung. Es können keine oder nur wenig weitere Glückstankstellen, wie Familie, Kinder, Hobbys, Urlaub, Reisen, Feste miteinander aufgebaut werden. Da die gemeinsame Zeit so kostbar ist, möchte man möglichst wenig streiten und diskutieren. Dennoch müssen Konflikte und Meinungsverschiedenheiten bewältigt werden. Doch wo Beziehung und Sexualität gelebt werden, werden auch die Bindungshormone aktiviert. Besser wäre es, die kurzen Zeiten der Gemeinsamkeit so zu planen, dass viel Freude, Nähe, Vertrauen und Zuneigung stattfinden kann. Wenn beide wissen, dass nicht alles bis ins Letzte planbar ist und es Gründe für diese Liebesform gibt, die in einem selbst angelegt sind, dann überwiegen auch in dieser Beziehung die Botenstoffe, die für Ausgleich sorgen.

An Männer sei die Botschaft gerichtet, dass Ehrlichkeit hier nicht gleichzeitig zu Stressfreiheit führt und es auf jeden Fall sinnvoll wäre, die sexuellen Energien nochmals mit der eigenen Partnerin aufzufrischen. Mit ihr teilt er ja viele sichere Glückstankstellen, die er nicht aufgeben will. Es dann zwei Frauen recht zu machen ist schwierig und oft mit Schuldgefühlen verbunden.

Fallgeschichte

»Ja, ich bin die Geliebte eines verheirateten Mannes«, so beginnt die 45-jährige Maria K. ihre leidvolle und auch leidenschaftliche Geschichte als Geliebte. »Heiraten wollte ich eigentlich nie, denn ich liebe meine Freiheit. Doch nun dauert die Liebe zu diesem Mann schon 15 Jahre, also länger als manche Ehe. Für mich galt der Ring am Finger eher als Einschränkung auf dem Weg zum Glück. Ich war jung, durchaus romantisch und selbstbewusst, als ich mich in ihn verliebte, den älteren, gut aussehenden, charmanten, verheirateten Mann, der von Anfang an kein Geheimnis daraus machte. Es war Liebe auf den ersten Blick und nach anfänglichen heimlichen Treffen hatten wir beide bald das Gefühl, nicht mehr ohne einander leben zu können. Anfangs genoss ich das Gefühl, begehrt, geliebt zu werden und trotzdem frei zu sein. Es spielte sich ein bestimmtes Grundmuster unserer Liebe ein. Immer wieder diese sich über Tage oder auch Wochen steigernde Sehnsucht und Erwartungshaltung. Dann der kurze, vergängliche Liebesrausch und danach ein schnelles Auseinandergehen; dazu Schuldgefühle, mit dem Gefühl unendlichen Verlangens nach dem Getrenntsein und jede Menge Telefonate als Brücke der Bindung und der Liebkosung aus der Ferne. Wie sehr liebe ich seine Stimme bis heute!

In Erwartung des nächsten leidenschaftlichen Wiedersehens setzten wir sehr viel aufs Spiel. Ich meine Freundschaften und meinen Ruf, er seine berufliche Karriere und auch seine Ehe. Noch heute leben wir diese Dreiecksbeziehung, und mein Rezept dafür heißt, nicht allzu viel von seinem anderen Leben wissen zu wollen. Geliebte zu sein ist für mich eine selbst gewählte

Lebensform gegen die üblichen Konventionen. Niemals im Leben hätte ich mir vorstellen können, dass Jahre daraus werden würden. Ich habe gelernt, mit Gefühlen wie Einsamkeit und auch Eifersucht umgehen zu können. Vielleicht sind sie der Preis für diese wunderschöne, aber verbotene Liebe.«

One-Night-Stand

Dieser Begriff kommt eigentlich aus der Musikerbranche und steht für einen Auftritt, der an einem Ort jeweils nur an einem Abend stattfindet. Heute wird mit diesem Wort jedoch eine kurze sexuelle Beziehung bezeichnet, bei der sich beide Partner einig sind, keine emotionale Beziehung eingehen zu wollen.

Sexuelle Begegnungen führen ganz automatisch zur Aktivierung der begehrten Botenstoffe und haben deshalb auch immer emotionale Konsequenzen. Zunächst möchten sich zwei Menschen lediglich über einen leidenschaftlichen sexuellen Kontakt begegnen, doch kann dies auch zu mehr oder weniger großen Gefühlsverwirrungen führen, die durch die im Körper vorhandenen Botenstoffe ausgelöst werden. Wichtig ist, mit diesem neuen Wissen sich und den anderen besser verstehen zu lernen.

Wenn sich Menschen so nah aufeinander einlassen, können sie oft nicht abschätzen, wie sie sich danach wirklich fühlen werden. Möglicherweise entsteht sogar ein Selbstwerteinbruch, der sie veranlasst, sich in das nächste sexuelle Abenteuer zu flüchten, um erneut Bestätigung zu erleben. Gerade junge Mädchen sind hier gefährdet. Sie wissen noch nicht so viel von der Liebe und von erotischen Fähigkeiten. Sie wollen geliebt und begehrt werden, ohne entsprechende Forderungen zu stellen.

Männern kommt der Wunsch nach schnellem Sex ohne Bindung sehr entgegen, denn sie sind ja besser dafür ausgerüstet (weniger Bindungsstellen für Oxytocin). Wenn nach einem One-Night-Stand eher ein schwächendes Gefühl erlebt wird, sollte dies zum Anlass dafür genommen werden, zukünftig andere Formen der sexuellen Begegnung zu wählen.

Kuschelparty
Als Erwachsene erleben wir uns oft abgetrennt, distanziert und allein, selbst in Partnerschaften. Zu kuscheln, sich zu umarmen, sich absichtslos zu berühren sind aber Grundbedürfnisse von uns Menschen. Kuschelpartys sind eine wunderbare Möglichkeit, sich und anderen Geborgenheit zu schenken. Über Stunden werden durch Düfte, Musik, Kuscheln, Lachen, Tanzen und Gespräche die Botenstoffe der Nähe und des Vertrauens ausgeschüttet.

Tanz- und Kuschelpartys kommen aus Amerika und erfreuen sich auch bei uns immer größerer Beliebtheit. Wir müssen nicht traurig und depressiv zu Hause sitzen, weil uns niemand anruft oder keiner Zeit hat. Wir können jederzeit aktiv für unsere Kuschelhormone sorgen, indem wir beispielsweise an so einer Party teilnehmen. Dabei lernen wir neue Menschen auf gleicher Wellenlänge kennen, und es besteht die Möglichkeit für neue Begegnungen.

Die Beliebtheit der Kuschelpartys zeigt uns, dass wir wirklich Defizite in Sachen Berührung haben. Vielleicht lernen wir dadurch auch wieder, unsere Freunde und Bekannte, Kinder und Partner bewusst liebevoller zu umarmen.

— Eine Geschichte

Sie, Mitte 40, lebt als selbstbewusste Singlefrau in München in einer wunderschönen Wohnung. Der Beruf macht ihr Freude, und sie hat einen großen Freundeskreis. Nun kommt sie gerade von der Arbeit. Es ist Freitagabend, 18.00 Uhr, und sie hat die Wahl, wieder einmal vor dem Fernseher einzuschlafen, zu sporteln, ihre Mädels zu treffen oder auf ein Glas Wein in die gemütliche Kneipe an der Ecke zu gehen. Doch irgendwie kann sie sich nicht entscheiden.

Da fällt ihr wieder die Anzeige ein, die sie ein paar Tage zuvor in der Zeitung gesehen hat. Heute Abend steigt um 19.30 Uhr eine Kuschelparty ganz in ihrer Nähe. Irgendwie ist sie neugierig. Sie entscheidet sich ganz spontan, packt bequeme Kleidung ein und spurtet ziemlich aufgeregt los. Was erwartet sie wohl?

Die Räumlichkeiten sind sehr ansprechend. Ein wohliger Duft liegt in der Luft, und leise Musik tönt aus den Lautsprechern. Etwa 20 Männer und Frauen in unterschiedlichem Alter unterhalten sich angeregt. Es beginnt mit einer lockeren Vorstellungsrunde und Entspannungsübungen. Von der Seminarleiterin erfahren sie, dass Kuscheln und Umarmungen nicht nur für Kinder, sondern auch für Erwachsene lebenswichtig sind und dass diese Seminare so gut ankommen, weil die Welt immer berührungsärmer wird.

Die Regeln sind ganz einfach: Auch Berührungen benötigen Erlaubnis, ein Nein ist jederzeit möglich. Lachen, Weinen, Berühren, Tanzen, Umarmen – all das darf in den nächsten zwei Stunden sein. Die Musik ist wunderbar. Sie wiegt sich zu den Rhythmen mit geschlossenen Augen. Ein Mann fragt sie, ob er ihr über das glänzend blonde Haar streichen dürfe. Sie lässt es zu und erinnert sich gerne an die letzte Beziehung. Sie mag es, wenn jemand mit ihren Haaren spielt. Sie wiegen sich nun beide mit der Musik im Takt, und sie berührt seine Schultern. Eine Frau kommt hinzu und umschließt ihre Taille. Nun sind sie zu dritt und genießen das Zusammensein. Sie tanzen wild und locker und fallen irgendwann erschöpft auf die Matten. Sie kuschelt sich zu ihrem Nachbarn und berührt sanft Arme und Nacken. Dann räkelt sie sich wohlig und genießt die Nähe der ihr eigentlich fremden Menschen.

Die Zeit vergeht wie im Fluge. Am Ende gibt es noch einen gemeinsamen Erfahrungsaustausch, dann fährt sie, überwältigt von ganz neuen Gefühlen, wieder nach Hause. Was ist da nur mit ihr passiert? Sie fühlt sich so leicht, so unbeschwert, so angenommen. Ein wirklich schöner Abend. Müde und entspannt sinkt sie in die Kissen.

Speed-Dating
Die Idee kommt ebenfalls aus Amerika und ist auch bei uns in Deutschland sehr beliebt. Sie basiert auf der Erkenntnis, dass bereits die ersten Minuten einer Begegnung über Sympathie oder Antipathie entscheiden. Was liegt also näher, als an einem Abend gleich zehn potenzielle Partner kennenzulernen, sich kurz auszutauschen, um dann eine Entscheidung zu treffen? Der Veranstalter bestimmt die Regeln, sodass sich der Einzelne keine Gedanken über Planung und Organisation machen muss. Das scheint doch viel effektiver zu sein als aufwendige Treffen mit einzelnen

Personen. Auf diese Weise kann man also in kurzer Zeit viele Männer und Frauen kennenlernen, verbunden mit der Hoffnung, dass vielleicht der/die Richtige dabei ist. Ein Speed-Dating kostet rund 30,00 Euro, und es scheint für Betreiber und Lokale ein florierendes Geschäft zu sein.

Männer und Frauen haben acht Minuten Zeit, sich während eines Gespräches über Hobbys, Interessen, Beruf usw. auszutauschen. Nach Ablauf der Zeit ertönt ein Gong. Das ist das Zeichen für einen Partnerwechsel. Auf einem Zettel notieren die Singles, ob sie ihr Gegenüber gerne wiedersehen würden. Dieser Vorgang wird so lange wiederholt, bis alle miteinander gesprochen haben. Danach erfolgt die Auswertung der Zettel durch die Veranstalter. Jeder Teilnehmer wird am nächsten Tag darüber informiert, wer von seinen ausgewählten Kandidaten auch ihn nochmals treffen möchte. Übereinstimmende Bewertungen entscheiden also über eine nochmalige Begegnung.

Hier eine weitere Idee, wie ein derartiges Dating genutzt werden könnte: als Seminarabend zum Lernen von *Kontaktfähigkeit und Flirten unter erschwerten Bedingungen*. Erinnern wir uns an die erste Hürde, den Blickkontakt und das freundliche Interesse am anderen. Das neue Ziel wäre jetzt, möglichst viele Übereinstimmungen zu erhalten. Vor dem Dating sollte man sich über folgende Punkte Gedanken machen:

- Wie präsentiere ich mich (Kleidung, Schmuck, Aussehen)?
- Wie teile ich meine acht Minuten ein?
- Wie schnell erkenne ich Besonderheiten bei meinem Gegenüber?

- Kann ich diese über Smalltalk in ein Kompliment umwandeln?
- Kann ich mein Gegenüber fesseln?
- Wie halte ich eine freundliche, warme Ausstrahlung aufrecht?
- Gelingt es mir, mein Gegenüber mit Unbeschwertheit, Lachen und Freundlichkeit zu faszinieren?
- Kann ich mich auch humorvoll abgrenzen?
- Habe ich eine entspannte Stimme?
- Sorge ich für eine angenehme Atmosphäre?
- Welche interessante Besonderheit erzähle ich kurz von mir?

Anschließend würde ich meine Bewertung davon abhängig machen, ob mir mein Gegenüber ebenfalls mit Interesse, Freundlichkeit und Dialogfähigkeit begegnet ist. Wenn sich danach bei der Auswertung mehrere Übereinstimmungen ergeben, wäre das für mich ein erfolgreicher Seminarabend in Sachen Kontaktfähigkeit und Flirten.

Über weitere Verabredungen würde ich mich sicher freuen, um einige Teilnehmer näher kennenzulernen. Zeit ist kostbar, das stimmt, aber Begegnungen sind es auch, und Kennenlernen benötigt mehr Zeit und weniger Speed. So könnten bei einem solchen Abend weitere Fähigkeiten erlernt werden, denn wir wissen ja, Kontaktfähigkeit muss geübt werden, überall.

Speed-Dating ist, unter diesem Aspekt gesehen, eine richtige Herausforderung, weil ich mich in sehr kurzer Zeit auf mehrere Menschen einstellen und sie mit meinem Wesen faszinieren muss, ohne mich dabei zu verstellen.

Der Flirt mit sich selbst

Während man heute offen über alle möglichen Praktiken und Stellungen im Bett spricht, über sexuelle Präferenzen wie hetero, homo oder bi, findet die Lust mit sich selbst noch immer im Verborgenen statt und ist nach wie vor ein Tabuthema. Man redet nicht gerne darüber. Schließlich müsste man vielleicht zugeben, dass man schon Jahre ohne Partner lebt und echten Notstand hat.

Vor noch nicht allzu langer Zeit wurde die Masturbation als unreife, pathologische Form der Sexualität angesehen, mit negativen Folgen für die Gesundheit. Der Philosoph Immanuel Kant betrachtete die »wollüstige Selbstschändung« als schlimmeres Vergehen als Selbstmord. Im Judentum wurde sogar von nutzloser Samenverschwendung gesprochen. Neueste Forschungen zeigen jedoch ganz klar, dass sexuelle Erfüllung, ob alleine oder zu zweit, einen großen Vorrat an Glückshormonen liefert. Auf diese wertvolle Quelle sollten Alleinstehende und auch Menschen, die in einer Paarbeziehung leben, aber keinen Sex haben, auf keinen Fall verzichten.

Natürlich ist es ein tolles Gefühl, sich vom Partner begehrt und geliebt zu fühlen. Das Leben ist dann einfach wunderschön. Wahrscheinlich ist die Liebe, nach der wir uns so sehr sehnen, stark mit dem Wunsch verbunden, genau so angenommen zu werden, wie wir sind. Wenn uns jemand liebt, müssen wir uns nicht verändern, uns nicht infrage stellen oder an uns zweifeln. Nach einem solchen Zustand sehnen wir uns natürlich. Da jeder Mensch ein Recht auf seine Sexualität hat, ist Onanie oder, wie ich es lieber nenne, der Flirt mit sich selbst eine wunderbare Möglichkeit, auch in partnerlosen Zeiten oder sexuellen Auszeiten für die eigenen Glückshormone zu sorgen.

Es geht nicht darum, sich schnell *einen runterzuholen* oder zu *wichsen*. Allein diese Ausdrücke lassen sehr gut erkennen, wie negativ besetzt das Thema ist. Nein, es geht darum, sich seiner ureigensten Glückstankstelle bewusst zu sein, die entsprechenden Organe zu stärken und ein gutes Körpergefühl zu entwickeln. Wir Frauen haben ein eigenes Lustorgan, die Klitoris, und es handelt sich darum, auf Entdeckungsreise zu gehen, um sie zu stimulieren.

Damit die Verbindung mit sich selbst gelingt, sollten wir uns folgende Fragen stellen:
- Fühle ich mich begehrenswert?
- Was macht mich begehrenswert?
- Mag ich mich selbst, meine Haut, meinen Körper, meine Haltung, meinen Gang, meine Stimme?
- Gefällt mir meine Ausstrahlung?

Denn warum sollte mich jemand anders lieben und begehren, wenn ich selbst Probleme damit habe?

Es ist überaus wichtig, sich das Recht auf ungestörte Selbstliebe einzuräumen. Wenn es um die Aktivierung der ausgleichenden Botenstoffe geht, kommt es entscheidend darauf an, wie unsere Einstellung zur Selbstliebe ist und wie intensiv diese Gefühle sind. Es ist nicht allein entscheidend, zum Orgasmus zu kommen, sondern – wie in der Liebe mit einem Partner – eine Verbindung mit sich selbst herzustellen. Wenn wir also unsere Einstellung dazu ändern, wenn wir uns erlauben, voller Freude und ohne Leistungsdruck unseren

Lustgarten zu hegen und zu pflegen, wenn wir unsere Sinne anregen über Düfte und Musik, dann erleben wir ein starkes symbiotisches Gefühl mit uns selbst, sind glücklich über die Reaktionen unseres Körpers und erzeugen ganz automatisch unsere Kuschelhormone.

Doch es gibt noch weitere wichtige Aspekte, die Beachtung finden sollten. Mit jedem Orgasmus trainieren wir den Pubococcygeus-(PC-)Muskel. Er befindet sich im Beckenboden, zwischen Schambein und Anus. Dieser Muskel stärkt die Blase und intensiviert das sexuelle Erleben. Gerade Männer mit erektiler Dysfunktion können über ein Training des Muskels lernen, die Ejakulation zu steuern. Somit kann die Partnerschaft enorm vom lustvollen Alleingang profitieren.

Wenn wir dadurch die Botenstoffe aktivieren, haben wir, ohne dies vielleicht selbst zu bemerken, eine erotischere Ausstrahlung, teilen uns unbeschwerter mit und wirken viel anziehender auf andere Menschen. So ergeben sich ganz automatisch neue, interessante Begegnungen.

An dieser Stelle möchte ich noch ein Plädoyer für *getrennte Schlafzimmer* einfügen oder besser: für zwei mögliche gemeinsame Schlafzimmer! Wenn man mit einem Partner das Leben teilt, kann es immer wieder zu kurzen sexuellen Auszeiten kommen. Trotzdem muss deshalb keiner auf Sex verzichten. Erst die Möglichkeit des Rückzugs in ein eigenes Zimmer macht die ungestörte Selbstliebe jederzeit möglich. Durch sie bleiben wir einfühlsam und mitfühlend für den anderen. Ein freundliches Miteinander bietet die Chance einer Aussprache und weiterer Lösungsansätze.

Das gemeinsame Schlafzimmer dagegen, der Garant für Nähe, Sex und Geborgenheit, ist oft Anlass für Stress und Ärger, denn man kann sich nirgendwo so alleine fühlen wie neben einem distanzierten Partner.

— **Fallgeschichte** ————————————————

Brigitte S., 49 Jahre, kommt zu einem Beratungsgespräch in die Praxis. Sie erzählt mir ziemlich genervt und auch traurig, dass sich ihr Mann eine sexuelle Auszeit genommen hätte. Er muss Blutdruckmittel nehmen, die seine Potenz beeinträchtigen. Auf das Thema der Selbstliebe angesprochen, meinte sie, dass sie schon ab und zu im Gästezimmer übernachten würde, doch irgendwie mache ihr das alles keinen Spaß. Wozu sei sie schließlich verheiratet? Sie möchte von ihrem Mann begehrt werden, und das vermisse sie eben. Sie denke deshalb manchmal sogar schon an Scheidung.

Mit der richtigen Einstellung könnte Brigitte erst einmal gut für sich sorgen, indem sie das Gästezimmer zu einer kleinen, wohnlichen Rückzugsinsel für sich umgestaltet. Durch diese aktive Handlung wäre ihr Mann gezwungen, darüber nachzudenken, ob und wie er wieder mehr Nähe zu seiner Frau bekommen könnte. Möglicherweise verändert er ihr zuliebe seinen Lebensstil, um die Blutdruckmittel wieder absetzen zu können. Wenn sie außerdem ihre Einstellung zur Selbstliebe ändert, bleibt sie ausgeglichen, und es können neue Lösungen gefunden werden, die eben gerade nicht zu einer Trennung führen.

Masturbation ist Liebemachen mit dem Menschen, den Sie am meisten lieben sollten. Sie ist eine zuverlässige Quelle für die Produktion von Kuschelhormonen bis ins hohe Alter. Eines ist sicher: Die eigenen Hände und unser Lustorgan bleiben uns ein Leben lang treu.

Doch was den jungen Mädchen in vielen afrikanischen Regionen auch heute noch angetan wird, ist ein Skandal und eine Schande: die Beschneidung der weiblichen Genitalien, der ureigensten Glückstankstelle. Sie sind Opfer einer Tradition, die sie ein Leben lang einschränkt, ob bei der Sexualität, der Geburt, der Menses, beim Urinieren und vor allem bei der Selbstentfaltung. Aufgrund der weitreichenden Folgen und gesundheitlichen Schäden sprechen sich die Vereinten Nationen, UNICEF, UNIFEM, WHO und zahlreiche Menschenrechtsorganisationen vehement gegen diese Praktiken aus und pochen mit ihren Aktionen weltweit auf körperliche Unversehrtheit von Mädchen und Frauen. Nach Schätzungen der WHO, Stand 2008, sind zirka 140 Millionen Frauen und Mädchen an den Genitalien beschnitten. Gerade mit Bezug auf die Bindungshormone werden hier große körperliche und auch seelische Traumen verursacht. Die Genitalverstümmelung dieser nervenreichsten Gewebe beeinträchtigt ein Leben lang die Lust- und Orgasmusfähigkeit. Doch auch das Urvertrauen bekommt einen großen Knacks: Wie soll ein Mädchen damit umgehen, dass die wichtigsten Menschen in ihrem Umfeld ihr diese entsetzlichen Schmerzen zufügen?

Während die Beschneidung der weiblichen Genitalien gerade bei uns in Europa auf größtes Unverständnis stößt und zu Recht für Entrüstung und Protest sorgt, wird die Beschneidung bei männlichen Neugeborenen, die meist aus religiösen Gründen erfolgt, kritiklos hingenommen. Es ist nicht einzusehen, dass überholte religiöse Vorstellungen nach wie vor dazu führen, dass diese empfindlichen, nervenreichen Gewebe verletzt und zerstört werden.

In den westlichen Kulturen erfreut sich die Labioplastik als Schönheitsoperation immer größerer Beliebtheit. Viele Frauen mittleren Alters haben ein Problem mit dem Aussehen ihres Genitales. Bei der Labioplastik werden die Klitorisvorhaut und die inneren Schamlippen entfernt. Diese Maßnahme ist durchaus mit einigen Beschneidungsformen vergleichbar. Es werden auch ästhetisch motivierte Klitorisverkleinerungen, Straffungen und Verengungen der Vagina angeboten. Deshalb müssen wir uns den Vorwurf der Doppelmoral gefallen lassen. Die Frage ist hier, warum erwachsene, lustbetonte Frauen wirklich jungfräulich aussehende Genitalien haben wollen und ob dies tatsächlich dem Wunsch westlicher Männer entspricht. Alle Verletzungen in diesem Bereich müssen mit Narbenbildung, Nervenzerstörung und möglicher Lustbeeinträchtigung bezahlt werden. Die Schöpfung hat sich so viel Mühe gegeben, körpereigene Gleitgele herzustellen, und nun führen religiöser Wahn und sexuelle Fixierungen heute noch immer dazu, dass trockener Penis auf trockene Vagina trifft.

— Bindungshormone und Manipulation —

Wenn die Bindungshormone durch eine Beziehung aktiviert werden, haben Menschen, die unser Vertrauen ausnutzen wollen, wirklich ein leichtes Spiel. Vor allem Frauen sollten deshalb um die Kraft, aber auch die Risiken der Glücksbotenstoffe wissen. Da sie im Zustand des Verliebtseins nicht nur vertrauensvoller, sondern auch risikofreudiger als gewohnt sind, können manipulative Menschen dies für ihre eigenen Zwecke nutzen. Die sonst so segensreiche Wirkung der Wohlfühlhormone kann dann womöglich verhängnisvolle Konsequenzen haben.

Deshalb lohnt es sich, gerade am Anfang einer Beziehung die Antennen der Wahrnehmung weit auszufahren, die Liebesgefühle zwar zuzulassen und zu genießen, aber trotzdem achtsam und realistisch zu bleiben. Wenn wir durch einen Menschen gerade im hochsensiblen Bereich der Sexualität enttäuscht werden, wirkt dies noch lange nach und beeinträchtigt in erheblichem Maße unser Urvertrauen. Ein Trost ist jedoch, dass auch solche Enttäuschungen durch die Bindungshormone wieder überwunden werden.

Zum Abschluss dieses Kapitels noch etwas über Sigmund Freud, den Begründer der Psychoanalyse. Freud sah in der unterdrückten und unbefriedigten Sexualität die Ursache für viele psychische und körperliche Krankheiten. Durch die Psychoanalyse wollte er Verdrängtes wieder ins Bewusstsein bringen und die Menschen dazu befähigen, Herr über ihre Triebe zu werden. Als er die Ansicht vertrat, dass junge Paare auch schon vor der Ehe Sex miteinander haben sollten, war die Empörung groß, und es gab heftigen Aufruhr. Gegen Ende seines Lebens kam Freud zu der Erkenntnis, dass Lieben und Geliebt-Werden zwei wesentliche Dinge sind, um Lebensfreude zu empfinden. Übrigens war er ein sanfter Familienmensch, und er soll gesagt haben: »Meine Kinder sind für mich der einzige Zugang zur Unsterblichkeit.«

DRITTE GLÜCKSTANKSTELLE

Familie

»Bei der Erziehung muss man etwas aus dem Menschen herausbringen und nicht in ihn hinein.«

FRIEDRICH FRÖBEL

Die Familie wird als Hort der Geborgenheit und des Vertrauens gewünscht. Dabei sind ihre Strukturen einem ständigen Wandel unterworfen. Verschiedene Formen wie Großfamilie, Kleinfamilie, Patchworkfamilie, Adoptivfamilie, Alleinerziehende, Pflegefamilie prägen das heutige Bild. Eine Zunahme von Ehescheidungen lässt nicht unbedingt den Schluss zu, dass Ehe und Familie für den Einzelnen nicht mehr wichtig wären. Das Gegenteil ist der Fall. Gerade weil die Familie eine so große Bedeutung für uns alle hat, leiden Menschen in unharmonischen Beziehungen ganz besonders.

Die Familie ist eine sehr wichtige, aber auch schwierige Glückstankstelle. In ihr lernen wir Beziehungsfähigkeiten, und es werden die Gefühlswelten erzeugt, die zu unglaublich tiefer seelischer Verbundenheit und Geborgenheit führen. Hier üben und lernen wir gleichzeitig die Strategien für ein Leben in Selbstständigkeit, Eigenbestimmtheit und Unabhängigkeit. Dass auf diesem komplizierten Weg viele Missverständnisse, unerfüllte Erwartungen und Enttäuschungen entstehen, ist eigentlich völlig normal. Mit dem Wissen um die Aktivierung der Kuschelhormone wird es uns hoffentlich leichter gelingen, immer wieder aktiv für gute Bindungen und Beziehungen innerhalb des Familienverbandes zu sorgen.

Mutterschaft im Wandel der Zeit

Die Evolution hat wunderbar vorgesorgt und stellt bei Frauen die Botenstoffe bereit, die für Bindung, Fürsorge und Schutz der Nachkommen benötigt werden. Wenn wir jedoch die Familie als ständig fließenden Quell der Liebeshormone nutzen wollen, braucht es nicht nur Gefühl, sondern auch Verstand. Noch immer erfährt das Thema der bedingungslosen Mutterliebe in unserer Gesellschaft eine unglaublich hohe Beachtung. Mutterschaft wird als ein Zustand des ausschließlichen Gebens idealisiert.

Unsere Kinder benötigen heute etwa 20 Jahre lang Unterstützung. Hier einfach auf die ewig währende Mutter- und Elternliebe zu setzen, ohne den Deal von beiden Seiten zu bedienen, kann zu großen Enttäuschungen und Kränkungen führen. Das Naturprogramm der Erziehung und Bindung setzt ja gleichzeitig eine Spirale der Loslösung in Gang. Auf ihrem Weg zur Selbstständigkeit und Selbstbestimmung brauchen Kinder die elterliche Fürsorge. So muss also innerhalb der Familie der große Spagat zwischen Bindung und Loslösung gemeistert werden.

In der Pubertät befindet sich das Gehirn des Jugendlichen sozusagen in einem Ausnahmezustand. Es wird aufgrund der Geschlechtshormone völlig neu verschaltet – ein Prozess, der mit extremen Stimmungsschwankungen einhergeht. Gleichzeitig nimmt das Bedürfnis nach mehr Unabhängigkeit weiter zu. Auf diesem kontinuierlichen Weg zur Reifung entwickelt der Jugendliche seinem Wesen entsprechende Fähigkeiten, Stärken, Talente, seinen Selbstwert und gleichzeitig seine Beziehungs- und Bindungsfähigkeit. Die Eltern sind dabei die wichtigste Orientierungshilfe.

Das Geheimnis der elterlichen Macht besteht darin, die Bindungsbeziehung zu erhalten. So haben sie gerade auch während der Pubertät die unendlich schwierige Aufgabe, über eine verantwortungsvolle Führungsrolle den Einfluss auf ihre Kinder nicht zu verlieren. Für den Bindungsforscher Gordon Neufeld ist Bindung die stärkste Kraft im Universum. Er ist davon überzeugt, dass Bildung das Ergebnis von Bindung ist. In seinem Buch *Unsere Kinder brauchen uns* erklärt Neufeld: »Wir werden nicht durch die generelle Bedürftigkeit unserer Kinder dazu ermächtigt, unsere elterliche Verantwortung zu übernehmen, sondern dadurch, dass die Kinder die Erfüllung ihrer Bindungsbedürfnisse auch wirklich bei uns suchen.«

Eltern sollten sich also fragen, wie viele trennende Erziehungsmaßnahmen sie unbewusst einsetzen, wenn die Kinder »unartig«, bockig oder uneinsichtig sind.

Das heutige Mutterbild ist noch immer ein Produkt der bürgerlichen Gesellschaft des 18. Jahrhunderts. Das Autoritätsgehabe des Vaters und ein Liebesüberschwang der Mutter führten zu permanenter Bevormundung und verhinderten bei den Kindern Selbstentfaltung und eigene Meinungsfindung. Die Mutter kümmerte sich um Haushalt und Kinder, der Vater, als Ernährer, war ein Leben lang an einen nicht immer geliebten Beruf gekettet. Die Erziehung der gemeinsamen Kinder übernahm die Mutter, die in ihrer Rolle ganz aufging. Über eine lange Zeit sind also Kinder in einer vaterlosen und doch patriarchalen Gesellschaft aufgewachsen.

Das vierte Gebot: »Du sollst deinen Vater und deine Mutter ehren, auf dass es dir wohlergehe und du lange lebest auf Erden« unterstützt diese patriarchale Haltung noch immer.

Unsere Elternliebe sichert uns demnach ein langes, positives Leben. Dr. Paul Schulz, ehemaliger evangelischer Pastor, entwickelte ein eigenes Elterngebot:

»Eltern haben grundsätzlich die vorausgehende Verpflichtung gegenüber ihren Kindern, sie bestmöglich ins Leben freizusetzen, damit es ihren Kindern wohlergehe und sie lange leben auf Erden.«[1] Eltern haben sich dabei so zu verhalten, dass ihre Kinder ihnen vertrauen und sie respektieren können. »Allein das Selbständigwerden des Kindes ist in allem das höchste Ziel. In der Erziehung geht es nicht um Selbstverwirklichung der Eltern, sondern um Lebensbefähigung der Kinder, nicht um Existenzsicherung der Eltern, sondern um Zukunftssicherung der Kinder, nicht um Lebensqualität der Eltern, sondern um Lebensqualifizierung der Kinder.«[2]

Für eine gut funktionierende Glückstankstelle stehen Eltern also vor der Aufgabe, die eigenen Wünsche und die der Kinder in Einklang zu bringen.

---

1 Paul Schulz, *Atheistischer Glaube,* Marixverlag, Wiesbaden 2008, S. 24
2 ebd, S. 21

Unser Leben hat sich in den vergangenen Jahrzehnten sehr verändert. Frauen haben heute eine gute Schul- und Berufsausbildung, sie erwarten Unterstützung und Lösungen in den Bereichen Beruf, Familie, Kinder und Partnerschaft. Vom Staat sind Erziehungszeiten garantiert, Kindergärten und Krippen stehen zur Verfügung. Dennoch ist es nicht leicht, Mutter- und Vaterschaft zu leben, lebendige Bindungen zum Kind aufzubauen und gleichzeitig eigene Bedürfnisse und Wünsche nach beruflicher Weiterentwicklung nicht völlig aufzugeben.

— Die mütterliche Stimme wirkt wie eine Umarmung

Forscher der University of Wisconsin-Madison untersuchten den Einfluss der mütterlichen Stimme im Zusammenhang mit Oxytocin. Bisher nahm man an, dass für die Aktivierung der Kuschelhormone Körperkontakt und Berührung nötig seien. Es wurde ein Speichel- und Urintest mit 61 Mädchen zwischen sieben und zwölf Jahren durchgeführt. Um die Mädchen unter Stress zu setzen, forderte man sie auf, eine spontane Rede zu halten und verschiedene Rechenaufgaben zu lösen. Der Test ergab, dass Oxytocin bereits aktiviert wurde, wenn die Kinder die tröstende Stimme der Mutter wahrnahmen. Sie wirkte genauso beruhigend wie Umarmungen und Berührungen.

Dies zeigt, wie wichtig es ist, dass unsere Kinder nach Schule und Kindergarten die liebenden Eltern oder andere wohlwollende, erwachsene Bezugspersonen als Ansprechpartner haben. Doch wenn Frauen heute verstärkt ihre berufliche Karriere im Blick haben, könnte die Gefahr bestehen, dass sich aus der vaterlosen zusätzlich eine mutterlose Gesellschaft entwickelt.

Die Eltern erkennen die Anlagen, Fähigkeiten, Neigungen und Bedürfnisse ihrer Kinder am besten. Zwar sind Erzieherinnen, Lehrer und Tagesmütter meist sehr gut ausgebildet, dennoch dienen gesellschaftliche Einrichtungen wie Kindergarten und Schule hauptsächlich der Wissensvermittlung, und ihre Mitarbeiter sind häufig überfordert mit der Aufgabe, intensive persönliche Bindungen zu ihren Schützlingen herzustellen. Was also könnte aktiv verbessert werden? Gordon Neufeld setzt darauf, die Bindungsprozesse zu Lehrern, Pädagogen und Erziehern zu aktivieren. Er fordert bindungsfreundlichere Gepflogenheiten an den Schulen. Lehrer und Eltern sollten sich besser kennenlernen und intensiver austauschen. Eltern sollten die Bindungskräfte der Kinder zu ihren Lehrern aktiv unterstützen. Die Schulen und Einrichtungen selbst sollten freundlicher gestaltet werden.

Aber auch die Wertorientierung der Frauen und Männer muss sich ändern. Besteht eine hohe Berufsorientierung bei einem gleichzeitig traditionellen Mutterrollen-Konzept, führt dies zu seelischen Konflikten. So hat eine Studie über kinderlose Ehepaare ergeben, dass zum Zeitpunkt der Eheschließung sehr wohl ein gemeinsamer Kinderwunsch bestand, der aber aus der Vereinbarkeitsproblematik von Beruf und Familie immer wieder verschoben wurde. Der Wandel im Schul- und Berufsbereich führt eben nicht automatisch dazu, dass sich das Empfinden im Familienbereich ändert.

Auch Kinder haben den Wunsch, nützlich zu sein

und alles richtig zu machen, denn dadurch fühlen sie sich stark und anerkannt innerhalb der Gemeinschaft. Deshalb ist es sinnvoll, sie in den Alltag mit einzubeziehen, auch wenn das gerade bei kleineren Kindern etwas mehr Zeit erfordert. Bindungshormone entstehen während des gegenseitigen Gebens und Nehmens und nicht, wenn nur einer immer gibt und der andere nimmt. Es ist deshalb überaus wichtig, Kindern klarzumachen, dass sie sich auch einbringen müssen, um Schutz und Fürsorge zu erhalten. Die Botenstoffe für Mutterliebe sind nicht selbstverständlich für immer und ewig in gleicher Menge vorhanden. Ablösungsprozesse sind auf beiden Seiten vorgesehen.

Viele Frauen kümmern sich Tag für Tag fürsorglich um die Kinder, pflegen die Eltern oder Schwiegereltern und arbeiten deshalb meist Teilzeit. Nach einer Scheidung leben sie dann an der Armutsgrenze, ohne Aussichten auf eine gute Rente. Auch Frauen müssen sich deshalb um ihre Altersvorsorge kümmern. Zu lange Unterbrechungszeiten erschweren den Wiedereinstieg in den Arbeitsprozess, viele Berufe erfordern sogar eine ständige Weiterbildung. Bei jahrelanger Teilzeitarbeit macht sich dies bei der Rente spürbar negativ bemerkbar, und Frauen werden trotz bester Ausbildungen zum Sozialfall.

Wenn Paare gemeinsam nach guten Lösungen bezüglich der beruflichen Karriere suchen, entlastet dies auch die Männer. Die Auswertung einer Langzeitstudie zum elterlichen Wohlbefinden ergab, dass sich 97 Prozent der Eltern in Deutschland flexiblere Arbeitszeiten wünschen. Hier sind natürlich besonders die Arbeitgeber gefragt. Der Ganztagskrippenplatz kann nicht die einzige Antwort sein, und es ist auch nicht hinzunehmen, dass die Familienverantwortung noch immer jede Frauenkarriere ausbremst.

Märchen von der bösen Stiefmutter
Viele Märchen beschäftigen sich mit der Urangst, die leiblichen Eltern zu verlieren. Gerade das Motiv der »bösen Stiefmutter« wird erstaunlich oft dargestellt: Das Hausmärchen »Hänsel und Gretel« der Brüder Grimm erzählt von der bösen Stiefmutter, die zuerst an ihr eigenes Überleben denkt und die Kinder im Wald dem Verhungern aussetzt. Der Vater schneidet bei der ganzen Sache nicht besonders gut ab, denn er unterstützt seine Frau bei dem schrecklichen Vorhaben.

Die Stiefmutter bei »Aschenputtel« behandelt ihre Stieftochter extrem schlecht im Gegensatz zu den eigenen Töchtern.

Die Stiefmutter im Märchen »Schneewittchen« kann es nicht ertragen, dass die Stieftochter schöner ist als sie. Sie beauftragt einen Jäger, Schneewittchen zu töten und als Beweis deren Lunge und Leber mitzubringen.

Auch »Brüderchen und Schwesterchen« haben nach dem Tod der Mutter keine ruhige Minute mehr vor ihrer bösen Stiefmutter. Als sie wegen der Schläge und vor Hunger von zu Hause weglaufen, verfolgt sie die Stiefmutter und verzaubert den Bruder in ein Reh.

Diese archaischen Geschichten werden selbst heute noch gerne erzählt und sogar immer wieder neu verfilmt. Viele Menschen können auch reale Erfahrungen dazu schildern, denn nicht nur in der Märchenwelt geht es oft wenig empathisch zu, und Blut scheint noch immer dicker als Wasser zu sein. Aber im Märchen darf das Gute und Edle am Ende doch noch siegen, und die böse Stiefmutter muss sterben. Märchen greifen Urängste auf, wie verlassen zu werden, sich im Wald zu verirren und schutzlos ausgeliefert zu sein. Nachdem die Märchenkinder die Dämonen überwinden, ihren eigenen Weg finden oder sich gegenseitig helfen, kommen sie gestärkt wieder heim.

Aber diese Geschichten zeigen auch, dass trotz des großen Verlustes der Mutter/Eltern auch Naturkräfte helfend wirken. So findet Schneewittchen zu den sieben Zwergen, die sie unterstützen, Aschenputtel bekommt Hilfe von Tauben, Hänsel und Gretel werden von Enten über einen breiten Fluss getragen, und bei Brüderchen und Schwesterchen ist die große Geschwisterliebe die erlösende Kraft.

Märchen zeigen auf sehr grausame Weise auf, dass Mutterschaft endet und Kinder damit in die Erwachsenenwelt entlassen werden. Im eigentlichen Sinne erzählen sie also von dem Ablöseprozess zwischen Eltern und Kindern.

Vaterschaft im Wandel der Zeit

Nach dem Abstillen können sich der Vater und auch andere kontinuierlich vertraute Bezugspersonen intensiv dem Kind zuwenden. Die durchaus natürliche Vorgabe der allmählichen Ablösung des Kindes von der Mutter – und umgekehrt – schafft für das Kind gleichzeitig die Voraussetzung, soziale Kontakte und

Bindungen auch zu anderen Menschen aufzubauen. Selbst Kleinkinder sind bereits gruppenfähig, empathisch und kooperativ.

Gerade heute, wo sich Väter ganz bewusst und mit Freude um ihren Nachwuchs kümmern wollen, ist es wichtig, dass Frauen mit ihren Partnern Erziehung und Elternschaft teilen. Genau darin liegt letztendlich die Freiheit für jeden. Wie ich weiter oben schon ausgeführt habe, wird ja bereits während der Schwangerschaft das Gehirn der Frau ganz neu verschaltet und auf Fürsorge vorbereitet. Damit Väter diesen Part mit übernehmen können, bedarf es natürlich ganz neuer Verhaltensweisen. Männer haben heute keine Scheu mehr, ihr Baby zu tragen oder den Kinderwagen zu schieben.

Doch um eine Beziehung und Bindung aufzubauen, bedarf es weiterer regelmäßiger Rituale. Gemeinsame Mahlzeiten, Unternehmungen, Spiele und dergleichen mehr aktivieren die begehrten Botenstoffe zwischen Vater und Kind. So gesehen gestalten Männer und Frauen als Eltern eine deutlich emanzipatorischere Gesellschaft, in der im Idealfall Gleichberechtigung, gemeinsame Verantwortung, Aufgabenteilung und ein verständnisvoller, fordernder und fördernder Umgang miteinander gepflegt werden.

Während Hausarbeit über Jahrtausende als reine Frauenarbeit galt, teilen sich heute viele Paare diese Arbeit oder finden Kompromisse.

Eltern dürfen sich auch ihre Erziehungsmacht nicht aus der Hand nehmen lassen. Die Familie bietet ein großes Übungsfeld, auf dem übrigens Fehler gemacht und Emotionen gezeigt werden dürfen. Hier werden

Vertrauen, Toleranz und Kompromissfähigkeit eingeübt, der eigentliche Kitt einer humanen Gesellschaft. Aber trotz aller Probleme können hier immer wieder die Botenstoffe fließen, die uns befähigen, vertrauensvolle Beziehungen aufzubauen. Gerade auch, weil die Eltern vor den Kindern sterben, muss es gelingen, dass die Kinder in der Familie das Handwerkszeug mitbekommen, um viele »ergiebige« Glückstankstellen aufzubauen. Somit ist die Familie eine wichtige, sehr sensible Glückstankstelle, aber eben auch nur eine von vielen.

Die Patchworkfamilie

Früher nannten die Kinder den neuen Partner der Eltern Stiefmutter oder Stiefvater, und wie wir aus den Märchen wissen, waren diese oft böse und gemein. Heute bezeichnet man diese bunt zusammengewürfelten Familien als Patchworkfamilien, und sie befinden sich auf dem Vormarsch: 2006 zählte man bereits 2,3 Millionen dieser an einen bunten Flickenteppich erinnernden Familien, und es werden immer mehr. Inzwischen lebt jede siebte Familie in solch einer Beziehungsform zusammen, in der entweder nur ein Elternteil seine Kinder mit in die neue Beziehung bringt oder beide Eltern mit ihren jeweiligen Kindern nun zusammen eine Familie bilden. Dann kommt es auch noch vor, dass die Kinder der Ex-Partner am Wochenende zu Besuch sind oder dass noch eigene gemeinsame Kinder die neue Familie bereichern. Bei den eigenen Kindern sind wir ja bestens gerüstet und ausgestattet mit den Botenstoffen der Liebe. Doch damit das Zusammenleben zwischen den einzelnen Familienmitgliedern gelingt, bedarf es nun weiterer guter bindender Strategien.

Natürlich kann es niemals Patentrezepte für ein glückliches und zufriedenes Familienleben geben, doch es gibt gewisse Regeln, die das langsame Zusammenwachsen der Familie fördern. Die Aktivierung der Bindungshormone innerhalb der neuen Familienmitglieder benötigt vor allem Zeit. Deshalb sind Ungeduld, das Streben nach perfekter Harmonie und zu große Erwartungshaltungen an die einzelnen Familienmitglieder geradezu Gift für das Gelingen der Glückstankstelle Familie. Behutsamkeit ist angesagt. Mit dem Wissen um die Aktivierung der Bindungshormone können Eltern relativ gelassen bleiben und aktiv durch Gespräche, gemeinsame Unternehmungen, Geduld, Verständnis, Fingerspitzengefühl, Einfühlungsvermögen und Empathie für gute Beziehungen untereinander sorgen. Kinder sind Bindungsgeschöpfe und brauchen ihre Eltern. Deshalb sind Respekt, Verständnis, Geduld, Zeit und Fantasie der beste Garant dafür, dass sich die Familienmitglieder nach und nach immer mehr miteinander verbunden fühlen.

Mit dem heutigen Wissen und entsprechenden neuen Strategien haben Angst und Unsicherheit keine Chance mehr, denn Kinder wollen Bindung und brauchen auch die Ersatzeltern. Sie sind kooperativ und lernfähig. Natürlich machen die Ablöseprozesse die Sache nicht gerade einfach.

Nach den anfänglichen Schwierigkeiten stellt sich das Unternehmen Patchworkfamilie jedoch meist als große Bereicherung für alle heraus. Hier können verbindende Regeln, Toleranz und Mitgefühl eingeübt werden, die das spätere Leben der Kinder positiv bereichern.

— **Das Leben im SOS-Kinderdorf** —————————
Hermann Gmeiner hatte nach dem Zweiten Weltkrieg die Idee, verwaisten und verlassenen Kindern ein neues Zuhause zu geben. Seine Spendenaufrufe waren so erfolgreich, dass 1949 das erste Haus in Imst in Tirol eröffnet werden konnte. Das Symbol »SOS-Kinderdorf« steht für einen geschützten Raum und für eine soziale Gemeinschaft. Innerhalb der Kinderdorf-Gemeinschaft wächst jedes Kind in einem Haus mit einer Mutter und Geschwistern auf. Die entscheidende Idee ist es, den Kindern aufgrund ihrer natürlichen Prägung ein stabiles Familienleben zu ermöglichen. Die Fürsorge der SOS-Kindermutter und das Aufwachsen der Kinder im natürlichen Geschwisterverbund dienen der seelischen Reifung und Bindungsfähigkeit, und es entstehen Freundschaften, die oft ein Leben lang halten.

VIERTE GLÜCKSTANKSTELLE

Kinder

> »Drei Dinge sind uns aus dem Paradies geblieben: die Sterne der Nacht, die Blumen des Tages und die Augen der Kinder.«
>
> Dante Alighieri

Das Glück eigener Kinder habe ich bereits ausreichend dargestellt. Doch wie fühlen sich Menschen, wenn sich Mutterglück nicht einstellen will innerhalb dieses engen biologischen Zeitfensters oder wenn der richtige Partner zur Familienplanung noch nicht gefunden wurde? Pflegekinder, Adoption, Patenkinder sind mögliche Lösungen. Im Hinblick auf die Bindungshormone gibt es im Folgenden einige Anregungen, damit die weitreichenden Entscheidungen gelingen mögen und zu echten Glückstankstellen werden.

Pflegekinder

Gesucht werden Pflegeeltern, die Kinder lieben, sich deren Eltern und Fachkräften gegenüber kooperativ verhalten, auch belastbar sind und viel Engagement und Einfühlungsvermögen zeigen – so ähnlich beschreibt das Stadtjugendamt München in seiner Info-Broschüre die Eigenschaften von Menschen, die sich dieser Aufgabe stellen wollen. 740 Kinder leben allein in München in Pflegefamilien. Schicksalsschläge,

Krankheit, finanzielle Not, Suchtprobleme und noch viele andere Gründe veranlassen Eltern, ihr Kind einer Pflegefamilie anzuvertrauen.

Im Unterschied zu einer Adoption behalten die leiblichen Eltern zunächst jedoch das Sorgerecht für ihre Kinder. Für alle Betroffenen ist das keine leichte Situation. Einerseits existiert die Bindung zwischen Kindern und Eltern, andererseits aber bauen natürlich auch die Pflegeeltern mit der Zeit eine Bindung zum Kind auf. Wichtig ist, dass Jugendämter neben der häuslichen Versorgung auch das seelische Wohl der Kinder im Auge behalten. Eine plötzliche Trennung von den Eltern kann für die Kinder zu großen seelischen Verunsicherungen führen. Es gilt, sanfte, transparente Lösungen zu finden, die alle Beteiligten mit einbinden. Das Wissen um die Bindungshormone sollte dazu führen, anzuerkennen, dass die leiblichen Eltern – selbst wenn sie vorübergehend versagen – für die Kinder wichtig sind.

Das Eingewöhnen in eine neue Familie erfordert ein hohes Maß an Geduld und Fürsorge. Damit das verstörte, verunsicherte Kind wieder Vertrauen fassen kann, braucht es viel Zuwendung. Wenn dann irgendwann plötzlich frohes, unbeschwertes Kinderlachen ertönt, dann ist wieder eine Glückstankstelle geboren, und die Botenstoffe der Nähe und des Vertrauens fließen. Das ist wohl auch einer der Gründe, warum Pflegeeltern sich überhaupt dieser schwierigen und verantwortungsvollen Aufgabe stellen, die mit Geld nicht zu bezahlen ist.

Adoptivkinder

Paare mit unerfülltem Kinderwunsch könnten wohl selbst ein Buch über ihre Erfahrungen schreiben, denn auf dem Weg zum Adoptivkind müssen extrem viele Hürden überwunden werden.

Vom Jugendamt werden Adoptiveltern besonders gründlich geprüft. Es nimmt Einsicht in die Wohnverhältnisse, prüft psychologische Eignungskriterien, Einfühlungsvermögen und partnerschaftliche Stabilität, fragt nach Erziehungszielen, Beruf, polizeilichem Führungszeugnis, Gesundheitsnachweis usw. Die Richtlinien und Regeln für Adoptiveltern scheinen gerade in Deutschland sehr streng zu sein.

Erst im Mai 2011 äußerte das Bundesfamilienministerium die Absicht, die Bedingungen für eine Adoption zu lockern. Während man bisher Wert darauf legte, dass ein Elternteil – meist die Frau – möglichst keinen Beruf ausübt, um sich der Kindererziehung in vollem Umfang widmen zu können, soll dies nun geändert werden. Wie sollen Kinder auch in Zukunft neue Eltern finden, wenn Frauen ihre beruflichen Ambitionen für das ersehnte Kind völlig aufgeben müssen? Natürlich sollen sich Kinder in ihrem neuen Zuhause seelisch geborgen und betreut fühlen, doch welcher Preis ist hier von den Adoptiveltern zu zahlen? Würde man mit der gleichen Messlatte ganz normale Familien mit ihren leiblichen Kindern begutachten, würden wohl viele Paare den Ansprüchen nicht genügen können.

Fallgeschichte

Lisa N., eine sehr einfühlsame, humorvolle 59-jährige Frau, hatte einen sehr großen Kinderwunsch, als sie mit fast 40 Jahren ihrem Traummann begegnete. Da sich auf natürliche Weise keine Schwangerschaft einstellen wollte, entschieden sich beide für den beschwerlichen Weg der künstlichen Befruchtung. Dazu musste Lisa N. nun in einem bestimmten Rhythmus Hormone einnehmen und die Prozeduren der künstlichen Befruchtung durchstehen.

Nach mehreren Fehlschlägen, die mit großer Trauer und Enttäuschung verbunden waren, dachte das Paar über eine Adoption nach. Obwohl sie alle Bedingungen hierfür erfüllten, hieß es nun, sie seien dafür zu alt. Noch immer nicht entmutigt, entschied sich das Paar, im Ausland ein Kind zu adoptieren. Doch die Schwierigkeiten und Hürden schienen unüberwindbar, sodass das Ehepaar schließlich den Traum, als Familie mit Kindern zu leben, schweren Herzens aufgab.

Wie bereits beschrieben, fließen die Botenstoffe der Liebe und des Vertrauens nur durch tiefe Verbundenheitsgefühle. Ein noch so gut geführtes Kinderheim kann nie die Gefühlszustände bieten, die für die Bindungshormone entscheidend sind. Kinder brauchen Zuwendung und persönliche Anteilnahme, um zu gedeihen und zu reifen. Wichtig für ihre Entwicklung ist es, auch weiterhin den Kontakt zu den leiblichen Eltern aufrechtzuerhalten. Kinder sind stark und durchaus in der Lage, sich eine eigene Meinung über ihre Herkunftsfamilie und ihre Adoptiveltern zu bilden. Sie fühlen sich dort wohl, wo die Botenstoffe der Liebe fließen. Deshalb sind

Verlustängste vonseiten der Adoptiveltern zwar verständlich, aber überflüssig. Wenn sowohl sie als auch die leiblichen Eltern sich um einen liebevollen Kontakt zum Kind bemühen, entwickelt sich die kleine Seele zu einem fröhlichen und unbeschwerten Menschen, der sowieso nach Selbstständigkeit und Unabhängigkeit trachtet. Denn auch die Adoptiveltern trifft das gleiche Los wie alle Eltern: Sie können und sollen sich nach verantwortungsreichen Jahren mit ihrer Glückstankstelle Kind wieder neuen Aufgaben zuwenden.

Wenn sich eine ungewollt schwangere Frau gegen eine Abtreibung und für die Freigabe ihres Kindes zur Adoption entscheidet, könnten ihre seelischen Schmerzen wesentlich durch das Wissen gemildert werden, dass ein persönlicher Kontakt zum Kind immer möglich ist.

Enkelkinder

Großeltern nehmen eine wichtige Schlüsselfunktion bei ihren Enkelkindern ein. Sie haben meist viel mehr Zeit und Geduld als die Eltern, und Kinder schätzen diese Eigenschaften sehr. Alter, Aussehen, Status und dergleichen haben in dieser Beziehung keinen großen Stellenwert. Gerade das macht die Bindung zwischen Alt und Jung so wertvoll.

Mit den Enkelkindern fühlen sich Großeltern wieder jung, und dies erleichtert es ihnen, sich in die Gefühlswelten des Kindes zu versetzen. Während des gemeinsamen Spielens werden sie sozusagen selbst wieder zum Kind. Diese große Freude teilen Großeltern und Enkelkinder miteinander. Die Botenstoffe der Liebe fließen in Strömen während der gemeinsam verbrachten Zeit. Eltern wären dumm, wenn sie diese ausgleichende Kraft durch Eifersucht und Machtkämpfe verhindern würden.

Bei all der Liebe, die Großeltern ihren Enkelkindern schenken, sollten sie aber die Beziehung zu ihren eigenen »großen Kindern« immer lebendig halten. Gerade dann, wenn die eigenen Kinder Scheidung, Trennung oder Tod des Partners, Wiederverheiratung oder Ähnliches erleben, ist es wichtig, dass sie als Eltern präsent sind und Verständnis zeigen.

— Meine Großeltern

Wenn ich die Augen schließe, dann gelingt es mir ganz leicht, die Zeit mit meinen Großeltern wieder aufleben zu lassen. Viele schöne Erinnerungen an sie begleiten mich bis heute. Meine Großmutter war eine sehr gute Köchin. Bei den Familienfesten gab es Reh- oder Truthahnbraten mit Kartoffelknödeln und Blaukraut. Sie kochte auch niederbayerische Gerichte, wie Kartoffelschmarrn, Grießschmarrn, Blaubeerdatschi, Hirsebrei mit Zimt und Apfel- oder Holunderkompott, und zum Frühstück gab es leckeren Malzkaffee, den wir Kinder in der Handmühle zerkleinern durften. Die ganze Küche roch so heimelig danach. Die Wohnverhältnisse waren einfach, und doch wollten wir fünf Enkelkinder immer bei den Großeltern übernachten.

Der Großvater ging mit uns aufs Oktoberfest, zum Schlittenfahren, in den Wald zum Pilzesuchen, und an Ostern nähte er immer einen besonderen Lederball zum »Eierscheiben«, einem traditionellen Spiel mit Ostereiern. In den Ferien nahmen die Großeltern uns alle mit in den Bayerischen Wald, und wir schnitzten Flöten aus dem Ast eines Holunderstrauches und verzierten unsere Wanderstöcke mit dem Messer. Das Radfahren lernten wir auf den Rädern der Großeltern, denn die durften auch Kratzer abkriegen.

Ich bin mir sicher, dass viele ähnliche Erinnerungen an ihre Kindheit haben und durch ihre Großeltern enorm gestärkt wurden.

Es gibt einen sehr bekannten und bodenständigen Großvater, dessen Namen viele von Ihnen kennen: Claus Hipp. Er hat neun Enkelkinder und leitet ein großes deutsches Unternehmen. Seine Enkel lieben es, bei ihm zu übernachten, denn er mache »viel Blödsinn« mit ihnen. Sie würden gemeinsam kochen und viel lachen. Als Großvater, meint er, sei der Druck einer strengen Erziehung nicht mehr so groß. Claus Hipp hat durch seine ökologischen Grundsätze das Unternehmen seines Großvaters zu großem Erfolg geführt. Alles begann 1900, weil die Großmutter nicht stillen konnte, weshalb der Säugling einen Brei aus selbst gemachtem Zwieback erhielt. Diese Idee war der Zündfunke zur Gründung des Unternehmens. Der Biografie von Claus Hipp kann man entnehmen, dass er wunderbare weitere Glückstankstellen in sein Leben integriert hat: Er ist nicht nur ein erfolgreicher Unternehmer, sondern auch ein bekannter Maler, Musiker und eben wunderbarer Großvater.

Immer mehr Familien suchen inzwischen nach »Leihgroßeltern.« Wer also keine eigenen Enkelkinder hat, kann sich bei einer Initiative wie »Großelterndienst« oder »Leihomaservice« melden. Auf diese Weise könnten Senioren auf verschiedenen Ebenen profitieren: Familienkontakt – Kinderglück – Ehrenamt – Nebeneinkommen – sinnvolle, beglückende Freizeitgestaltung.

Patenkinder

Wer eine Patenschaft als Tauf-, Firm- oder Konfirmationspate übernimmt, soll das Patenkind in seiner religiösen und menschlichen Entwicklung begleiten. Auch wenn heutzutage vielfach der religiöse Aspekt in den Hintergrund getreten ist und die Paten es als ihre einzige Verpflichtung betrachten, ihre Patenkinder an Festtagen zu beschenken, so sollten sie doch im Idealfall immer ein offenes Ohr für deren Nöte und Sorgen haben. Sie brauchen deshalb sowohl das Vertrauen des Kindes als auch das der Eltern. Gerade die Nähe zum Patenkind lässt auf beiden Seiten Bindungshormone entstehen und stellt eine wahre Glückstankstelle dar.

In früheren Zeiten hatten Paten sogar die Aufgabe, beim Tod der Eltern für das ihnen anvertraute Kind zu sorgen. Wegen ihrer Vermittlerrolle zwischen Kind und Eltern gibt es auch in nichtchristlichen und freireligiösen Gemeinschaften Paten, die in allen Erziehungsfragen unterstützend helfen sollen.

Kindspatenschaften
Ich bin Pate bei World Vision, weil ich davon überzeugt bin, dass ich dadurch einem Kind die Chance

auf eine bessere Zukunft gebe. Meine Patenkinder, Hadija Juma und Georg Joseph, leben mit ihren Familien in Tansania. Inzwischen habe ich über Briefkontakt schon einiges über meine Patenkinder und ihr Land erfahren.

Die Entwicklungsarbeit steht auf vier wichtigen Säulen: Wasser – Ernährung – Gesundheit – Bildung. Der Gedanke, gemeinsam an einem so hoffnungsvollen Projekt mitwirken zu dürfen, bestärkt mich auf mehreren Ebenen. Ich bin ein Teil der Hilfsprojekte von World Vision und dadurch mit einem Mädchen und einem Jungen und deren Familien in Afrika verbunden. Durch den persönlichen Briefkontakt können echte Bindungen aufgebaut werden. Menschen aus anderen Kontinenten tauschen sich aus und unterstützen sich gegenseitig.

Eine Patenschaft ist also viel mehr als nur eine Spende, weil hier neben einer finanziellen Unterstützung auch die begehrten Botenstoffe der Nähe auf beiden Seiten fließen. Vielleicht ist das ja ein Anreiz für den einen oder anderen, sich einem ähnlichen Projekt anzuschließen, um die Chancen eines Kindes auf ein besseres Leben zu erhöhen.

Leihmutterschaft

Indiens Gesetze erlauben die Leihmutterschaft. Deshalb nehmen viele kinderlose Paare 36 Stunden Flug und viele weitere Strapazen auf sich, um Eltern zu werden. Das Geschäft boomt: In Indien gibt es richtiggehende Fruchtbarkeitskliniken, die sich auf die neuesten Reproduktionstechniken spezialisiert haben.

Die werdenden Eltern lassen die Eizelle mit dem eigenen Sperma im Reagenzglas befruchten. Bis zu sieben befruchtete Eizellen werden oft einer indischen Leihmutter eingepflanzt. Zu ihrem Schutz werden jedoch bis auf zwei Föten alle anderen wieder entfernt. Für männliche homosexuelle Paare werden Eispenderinnen und Leihmütter angeboten. Ein mehrseitiger Vertrag sichert die weitere Regelung. Die Leihmutter verzichtet dabei auf alle Rechte und erhält zirka 4000 Euro bei einer erfolgreichen Geburt. Die frischgebackenen Eltern müssen jedoch bis zu 25 000 Euro bezahlen.

Indien entwickelt sich zum Land der Babyproduktion, da dort die Kosten im Vergleich zu anderen Ländern relativ niedrig sind. Gleichzeitig sind jedoch die Werte der Bevölkerung an die alten Traditionen gebunden. Die Menschen lehnen im Herzen diese neuen Praktiken ab. So werden die jungen Frauen neun Monate lang in eigenen Unterkünften der Klinik betreut. Während dieser Zeit sehen sie ihre Familie, ihren Mann und die eigenen Kinder nicht. Um Emotionen zu vermeiden, sprechen die Manager, Ärzte und das Klinikpersonal gegenüber den Interessenten nicht von *Leihmüttern,* sondern vom *Mieten einer Gebärmutter.*

Natürlich sind die Frauen nach der Entbindung nicht nur geschwächt, sondern häufig auch sehr traurig. Man beruhigt sie, indem man ihnen erklärt, dass sie den gebärunfähigen Frauen ein sehr großes Geschenk machen würden. Mit dem Geld könnten sie außerdem ihre eigenen Familien und Kinder unterstützen. Doch natürlich werden auch bei diesen Frauen während der Schwangerschaft große Mengen an Bindungshormonen produziert. Müssen sie ihr Kind gleich nach der Geburt weggeben, hat dies enorme Auswirkungen auf ihre Seele und Psyche. Sogar selbst dann, wenn es ihre eigene Entscheidung war.

Viele Schauspielerinnen haben diesen Weg der Mutterschaft schon beschritten. Es scheint auf den ersten Blick eine gute Lösung für alle Beteiligten zu sein. Die seelischen Konflikte jedoch, die die indischen Frauen bei einer Leihmutterschaft durchmachen müssen, bleiben verborgen und kommen vielleicht erst viel später zum Vorschein.

»Wir können die Dankbarkeit gegenüber allen, die uns unterstützt haben, besonders auch gegenüber der Schwangerschaftsträgerin, kaum in Worte fassen«, wird Nicole Kidman in der *Frankfurter Allgemeinen Sonntagszeitung* zitiert.

Menschen sollten einfach nicht alles über Geld regeln. Denn Bindungshormone lassen sich nicht unterdrücken, schon gar nicht während einer Schwangerschaft. Insofern ist dieser Weg, die Armut in Indien bekämpfen zu wollen, mehr als fragwürdig. Die indischen Frauen tragen ein großes Risiko, körperlich und auch seelisch zu erkranken. Die dicken Geschäfte machen andere. Empathie sieht anders aus.

FÜNFTE GLÜCKSTANKSTELLE

Freundschaften

> »Im Grunde sind es immer die Verbindungen zu Menschen, die dem Leben seinen Wert geben.«
>
> WILHELM VON HUMBOLDT

Die meisten von uns haben in ihrem Leben die verschiedensten Formen freundschaftlicher Beziehungen von lockeren Bekanntschaften über Kameradschaft bis hin zu einer wirklich engen langjährigen Freundschaft. Die Suche nach dem wahren Freund bzw. der wahren Freundin entspricht einer gewissen Idealisierung, denn auch eine tiefe und innige Freundschaft kann niemals alle Lebensbereiche abdecken. Es geht also nicht darum, den Freund oder die Freundin fürs Leben zu finden, sondern mit vielen Menschen freundschaftliche Beziehungen zu pflegen, die sich mehr oder weniger eng gestalten können.

Die Bedeutung der Freundschaft

Warum sehnen wir uns nach engen Freundschaften, was macht sie so einzigartig, und warum sind sie geradezu lebensnotwendig für uns? Kaum zu glauben, dass noch vor 100 Jahren »wahre« Freundschaft eine reine Männerdomäne war und Frauen die geistige Verbundenheit zu anderen Menschen aberkannt wurde. Dabei sind es doch die Frauen, die über Schwangerschaft und Fürsorge der Kinder und der Familie permanent Bindungshormone aktivieren und dadurch geradezu prädestiniert sind für Einfühlung, Bindung und Freundschaft. Erst wenn wir verstehen, welche Bedeutung Freundschaften für unsere seelische Ausgeglichenheit haben, werden wir sie mit Freude gerade bei unseren Partnerinnen und Partnern akzeptieren und unterstützen.

Das Band der Nähe über Freundschaften kann dennoch für beide Geschlechter auf vielfältigste Weise gelebt werden. Freunde sind in jedem Fall eine große Bereicherung. Durch sie erhalten wir Unterstützung und emotionalen Rückhalt, sie schützen uns vor Einsamkeit und sozialer Isolation. Überholte Verhaltensmuster werden aufgebrochen, und obwohl Freunde sehr viel von uns wissen und all unsere Marotten kennen, mögen sie uns trotzdem. Wenn Freundschaft gelingt, dann genießen wir eine besondere Form der Therapie ohne Nebenwirkungen, dafür aber mit sehr vielen Kuschelhormonen.

Frauenfreundschaften
Während es Männern wesentlich schwerer fällt, sich einem Freund gegenüber zu öffnen und Gefühle zuzulassen, haben Frauen bei ihren engen Freundinnen damit kaum Probleme. Die wichtigsten Bedingungen dafür sind die Begegnung auf Augenhöhe, Vertrauen, Intimität und Selbstenthüllung. Einer Freundin können sie sich ganz anvertrauen und sich so zeigen, wie sie sind, um eine andere Perspektive ihres Problems kennenzulernen. Doch wahre Freundinnen sind weder seelische Mülleimer noch dienen sie zur Selbst-

bestätigung. Sie sind sogar aufgerufen, eine andere Meinung zu vertreten und ihre Sicht der Dinge darzustellen. Auf diesem Weg können Veränderung und Weiterentwicklung geschehen. Nur durch Selbstenthüllung kommt Bewegung in die alten Verstrickungen und Muster. Deshalb schätzen Frauen lange Gespräche. (Wie gut also, dass das Telefon erfunden wurde.)

Gerade weil Frauen sich gegenüber der Freundin öffnen und sich dadurch sehr verletzlich zeigen, entsteht das nötige Vertrauen auf beiden Seiten, und das macht diese Beziehungen so wertvoll. Hier haben Konkurrenzdenken, Neid, Lügen und Intrigen keinen Platz. Echte Freundinnen sind daran interessiert, dass es der Freundin gutgeht. Diese Form der Zuwendung wird als seelische Qualität im Ordner Vertrauen gespeichert und immer wieder abgerufen. Gut zu wissen, dass es ein paar Menschen gibt, die am Leben anderer interessiert Anteil nehmen und die diesen wohlgesonnen sind! Frauen verfügen meistens über ein großes Netz an Freundschaften, auf das sie bei Bedarf zurückgreifen können.

Fünf typische Freundschaftsfallen

1. Zu großes Harmoniebedürfnis

Sie teilen den gleichen Geschmack in Sachen Kleidung und Stil. Sie können sich so herrlich über Literatur und Musik unterhalten. Sie freuen sich über gemeinsame Tanz- und Kinoabende. Sie verbringen deshalb ein gemeinsames Wellness-Wochenende. Dabei stellt sich heraus, dass die Freundin eine Stunde morgens im Bad verbringt, während Sie noch vor dem Frühstück einen Morgenspaziergang unternehmen wollen. Um von vornherein Enttäuschungen vorzubeugen, sollten Sie Ihre Erwartungshaltung herunterschrauben und dankbar dafür sein, was miteinander möglich ist, und sich nicht über bestimmte Angewohnheiten Ihrer Freundin aufregen. Natürlich dürfen Sie mit einer Ich-Botschaft dem Wunsch nach einem gemeinsamen Spaziergang Ausdruck verleihen und durchaus hoffen, dass ein guter Kompromiss gefunden wird.

2. Die Neidfalle
Alles scheint bei ihr besser zu laufen: der Job, die Kinder, die Männer, das Geld. Doch sollte man genauer hinsehen und sich fragen, will ich wirklich mit ihr tauschen? Es geht darum, herauszufinden, was die eigenen Wünsche und Bedürfnisse sind, damit aus Freundschaft nicht eines Tages Neid und Missgunst wird. Denn diese Gefühle können eine Freundschaft zerstören.

3. Die Selbstverständlichkeitsfalle
Beziehungen wollen gepflegt werden, und es reichen oft schon Kleinigkeiten, um einen belebenden Effekt für eine Freundschaft zu erzielen. Bereits ein freundliches Telefonat oder eine Mail, in der man seiner Dankbarkeit für die wunderbare Freundschaft Ausdruck verleiht, kann hier die Bindung verstärken.

4. Ratschläge sind auch Schläge
Sich in die Freundin einzufühlen wird oft damit verwechselt, als wüsste man, was für sie das Beste ist. Wenn die Freundin von ihren Sorgen erzählt und sich öffnet, ist aktives Zuhören die Königsdisziplin. Man kann sich also selbst prüfen: Bin ich eine verlässliche, einfühlsame und ehrliche Freundin?

5. Anspruchsdenken
Das Bedürfnis nach der idealen Freundin, der Seelenverwandten, der Stütze in allen Lebenslagen, trägt

das große Risiko der Enttäuschung in sich. Auch Freundinnen haben das Recht, sich abzugrenzen, zurückzuziehen, auf Distanz zu gehen. Deshalb sollte man sich durchaus einmal die Frage stellen: Wäre ich gerne mit mir befreundet?

Männerfreundschaften
Das Rollenbild der Männer erlaubt ihnen noch immer keine Schwäche, und die Tatsache, dass sie wesentlich weniger Bindungsstellen für Oxytocin und deshalb auch weniger Zugang zu ihren Gefühlen haben, macht die Sache nicht leichter. Hinzu kommt, dass Gefühlezeigen und Selbstenthüllung eher als unmännlich gelten.

Männerfreundschaften sind also ganz anders gestrickt. Männer verbinden sich über gemeinsame Unternehmungen, Gespräche über Politik, den Beruf und die Karriere. Sie sehen in ihren Freunden meistens Partner für Aktivitäten und Erlebnisse: Sie spielen zusammen Tennis, besuchen Fußballspiele, treffen sich regelmäßig in Gruppen, etwa am Stammtisch, und sprechen über Politik oder alltägliche und berufliche Probleme. Doch enge Freundschaften, in denen Männer sich gegenseitig öffnen und sich ihre privaten Sorgen und Nöte anvertrauen, sind seltener. Männer haben viele Bekannte, mit denen zusammen sie etwas unternehmen, aber wenig enge Freunde.

Männer haben jedoch auch kein Problem damit, alleine etwas zu unternehmen und zum Beispiel in die Berge zu gehen, um dort die Schönheit der Natur ganz für sich zu genießen.

SECHSTE GLÜCKSTANKSTELLE

Kultur und Kunst

»Die Wissenschaft ist der Verstand der Welt, die Kunst ihre Seele.«

MAXIM GORKI

Bereits in der Frühzeit menschlicher Evolution haben die altsteinzeitlichen Jäger und Sammler in den Höhlen Südfrankreichs die ältesten Kunstwerke der Welt geschaffen. Die Malereien in den Felshöhlen zeigen Tierdarstellungen und waren Bestandteil eines magisch-religiösen Kults, zu dem auch Skulpturen, Tanz und Musik gehörten. Wie auch heute noch bei den Naturvölkern, dienten Kunstwerke zum Schutz vor Dämonen, standen in enger Beziehung zum Ahnenkult, zur Fruchtbarkeitsmagie und zum Jagdzauber.

Im 6. Jahrhundert v. Chr. finden sich in Griechenland die ersten Künstlersignaturen, und im antiken Rom zählten die praktischen, das heißt die bildenden Künste, nicht zu den »Freien Künsten«, da sie mit Erwerbstätigkeit in Verbindung standen. Im Mittelalter betrachteten sich die Künstler als Handwerker, unterhielten Werkstätten mit Gesellen und hatten sich in Zünften organisiert. Im 17. und 18. Jahrhundert waren die Künstler an den Fürsten- und Königshöfen als sogenannte Hof-Künstler beschäftigt, und erst im Zeitalter der Romantik bildet sich ein neues Selbstverständnis des Künstlers heraus, das dem heutigen Künstlerbegriff entspricht.

Künstler drücken ihr inneres Universum auf die vielfältigste Weise aus und lassen uns über Bilder, Geschichten, Lyrik, Gesang, Musik, Tanz u. v. m. an ihrer Welt teilhaben. Mithilfe ihres kreativen Schaffens können wir weiter und tiefer eintauchen in unsere eigenen Welten und auch in die anderer Kulturen. Deshalb nehmen Kunst und Kultur als Glückstankstelle einen hohen Stellenwert ein. Durch sie werden wir emotional berührt und häufig in wunderbare Zauberwelten entführt. Wenn wir Kunst genießen, indem wir beispielsweise eine Ausstellung besuchen, in ein Konzert gehen oder ein Buch lesen, integrieren wir Glücksinseln in unseren Alltag. Kunst ist deshalb ein sehr wichtiges und zutiefst verbindendes menschliches Element in allen Kulturen. Ihre universelle Sprache wendet sich direkt an unser Herz.

Nur wir Menschen haben die Fähigkeit, Kunsterlebnisse mit wohligen Emotionen zu verknüpfen, um dabei Lebensfreude und Hochgenuss zu empfinden. Aber wir haben auch die Möglichkeit, uns selbst künstlerisch zu betätigen, indem wir beispielsweise ein Musikinstrument lernen, ein Bild malen, in einem Chor singen, ein Buch schreiben oder eine Tanzschule besuchen. Und auch die eigene künstlerische Betätigung ist eine großartige Quelle für die Glückshormone.

Literatur

Als Mitte des 15. Jahrhunderts Johannes Gutenberg die Buchdruckerkunst mit beweglichen Lettern erfunden hatte, gab es kein Halten mehr. Bücher wurden in hohen Auflagen gedruckt, und endlich konnten die Menschen selbst bestimmen, was sie lesen wollten, um sich Wissen anzueignen und sich eine eigene Meinung zu bilden. Heute können wir frei auswählen zwischen wissenschaftlicher, unterhaltsamer, spannender oder auch lyrischer Literatur.

Beim Lesen können wir unserer Fantasie freien Lauf lassen. Die Figuren eines Romans werden lebendig, wir genießen den Stil des Autors, seine Erzählkunst und erleben genussvolle Stunden des Glücks.

Als Johann Wolfgang von Goethe am Ende seines Lebens seine »Marienbader Elegie« veröffentlichte, war dies gleichzeitig sein poetischer Abschied von der geliebten jungen Ulrike von Levetzow. Die Poesie war es, die ihm half, den Schmerz der Zurückweisung und des Alterns zu ertragen. Die Elegie machte Ulrike unsterblich, und beim Lesen können wir eintauchen in die Gefühlswelt des Dichters, die uns tief zu berühren vermag.

Ein Sachbuchautor, der es schafft, schwierigste Sachverhalte so anschaulich zu erklären, dass man sie nachvollziehen kann, nimmt uns Leser sozusagen mit in seine Welt und lässt uns teilhaben an seinem Denken. Wir haben die Möglichkeit, seine Erkenntnisse mit unserem Wissen neu zu verknüpfen und eigene Zusammenhänge und Einsichten daraus zu gewinnen. So zieht das Wissen der Menschheit immer wieder erneut durch unsere Gedankenwelt und lässt in uns ein Gefühl der Dankbarkeit und der Freude entstehen.

Musik und Gesang

Bereits Frühmenschen haben vor 35 000 Jahren Musikinstrumente hergestellt, um die Laute der Natur und der Tiere zu imitieren, wie die ältesten Funde, Knochenflöten aus der Schwäbischen Alb, belegen. Aus der Jungsteinzeit stammen die ersten Instrumente aus Ton, und heute gibt es die verschiedenartigsten Musikinstrumente. Musik ist für die meisten Menschen ein regelrechtes Lebenselixier und eine einzigartig verbindende Weltsprache.

So bietet nicht nur der Besuch einer Oper, eines Sinfoniekonzerts, Liederabends oder Oratoriums unendlich schöne Glücksmomente, auch zu Hause kann Musik verzaubern und uns nach einem anstrengenden Tag wieder in die Balance bringen. Selbst wenn der Musikgeschmack sehr unterschiedlich ist, kann jeder seinen Vorlieben entsprechend für Gänsehautgefühl sorgen, gleichgültig, ob in der Welt der Klassik, des Pop, Jazz, der Folklore, Volksmusik oder des Schlagers. Entscheidend ist, dass Interpret und Musik eine Einheit bilden und dafür sorgen, dass beim Zuhörer bestimmte Neuronenmuster ins Schwingen geraten. Gefühlvolle Klänge, Stimmen und Texte aktivieren immer wieder die begehrten Botenstoffe.

Wenn er eine Stimme höre, die bei ihm Gänsehaut auslöst, dann würde er wissen, das werde was, äußerte sich einmal der erfolgreiche Musiker, Produzent und Songwriter Dieter Bohlen, der mit vielen Künstlern arbeitet und nicht müde wird, darauf hinzuweisen, wie wichtig das Gefühl bei der Interpretation seiner Songs sei. Und natürlich verstehen wir jetzt, warum Oldies so beliebt sind. Die Lieblingsmusik, die wir in unserer Jugend gehört haben, war mit unendlich vielen schönen Glücksgefühlen verknüpft. Wenn wir Jahre später diese Oldies erneut hören, werden diese Emotionen wieder geweckt.

Für viele von uns gibt es keinen schöneren Musikgenuss, als zum Beispiel den Arien aus Zauberflöte, La Traviata, Rigoletto oder Figaro zu lauschen. Die Stimmen lösen bei den dafür Empfänglichen wirklich Schmetterlinge im Bauch aus, der Brustkorb weitet sich, und ein wohliges Gefühl breitet sich aus. Mit den Stimmen der Sängerinnen und Sänger wird ja gleichzeitig ihr ganzes Innenleben für uns hörbar, ein innerer Kosmos, der uns über Klangfarbe, Timbre, Tonhöhe und Ausdruck tief zu berühren vermag.

Auch der Besuch eines Sinfoniekonzerts lässt die Zuhörer vor Glück erschauern. Am Beispiel Beethoven möchte ich dies darstellen. Seine große Begabung bestand ja darin, seine kosmischen Naturerfahrungen in Musik zu transformieren. So kann man in seiner 6. Sinfonie die reine Luft nach dem Gewitter förmlich riechen, und man fühlt sich verzaubert in eine unendliche schöne Landschaft.

Ludwig van Beethoven und seine 9. Sinfonie

Mit seiner 9. Sinfonie gelang es Ludwig van Beethoven (1770–1827), der mit 43 Jahren bereits völlig taub war, seine Vision von Brüderlichkeit und Menschlichkeit zu transzendieren. Die Sinfonie wurde am 7. Mai 1824 in Wien zum ersten Mal aufgeführt, und Beethoven entschied sich, im vierten Satz Schillers Ode »An die Freude« zu vertonen und einen Chor sowie vier

Gesangssolisten als Stilmittel einzusetzen. Diese Verwischung der Grenze zwischen Sinfonie und Kantate war zum damaligen Zeitpunkt sensationell, modern, mutig und dramaturgisch einzigartig. Und vielleicht bekommen wir Zuhörer genau deshalb jedes Mal aufs Neue eine Gänsehaut und spüren den Geist Beethovens in seiner Musik. Der Komponist war im Grunde seines Herzens immer ein Idealist mit dem unbedingten Glauben an eine bessere Welt.

Wenn bei einer gelungenen Aufführung der Dirigent seine Gefühle mitschwingen lässt, die Orchestermitglieder sich auf den Dirigenten einstellen und ihre eigene Stimmung ebenfalls mit einfließen lassen, der Chor und die Gesangssolisten mit ihren wunderbaren Stimmen die Ode »An die Freude« interpretieren und schließlich das Publikum, das sich schon lange auf diese besondere Aufführung gefreut hat und den Konzertsaal mit seinem besonderen Ambiente genießt, voll Hingabe der Musik lauscht, dann führt der Hörgenuss dieser Sinfonie bei allen Beteiligten förmlich zu einem Oxytocin-Rausch.

Der hervorragende Dirigent Christian Thielemann erklärte dazu einmal in einem Interview, dass er diese Sinfonie auf seine Weise erzählen möchte und es ihm dabei gelingen müsse, eine besondere Stimmung zu erzeugen. Erst wenn er hinter seinem Rücken spüre, wie das Publikum im gleichen Atemrhythmus schwinge, habe er es geschafft.

Durch die Begeisterung des Publikums werden auch beim Künstler die begehrten Botenstoffe der Liebe aktiviert. Während eines Konzerts entstehen sozusagen auf beiden Seiten die Glückshormone. Somit besteht eine große Abhängigkeit zwischen Künstler und Publikum. Das Geschenk der Künstler wird mit dem begeisterten Applaus der Zuhörer belohnt. Dankbarkeit und Freude breiten sich aus in den Herzen. So aktivieren Menschen mit ihrer Begabung und ihrer Kunst bei sich und ihrem Publikum die Botenstoffe der Liebe, sorgen dadurch für mehr Empathie und wirken sogar mit an einer friedlicheren, humaneren Welt.

Obwohl Live-Auftritte und Konzertreisen mit sehr viel Stress verbunden sind, drängt es Künstler immer wieder zu dieser Herausforderung, denn sie ist gleichzeitig auch ihre Glückstankstelle. Wir können also nur erahnen, wie sich Künstler fühlen, wenn sie vor Tausenden von Menschen spielen oder singen, um ihre Zuhörer mitzureißen. Sie müssen spontan reagieren und wissen instinktiv, was sie ihrem Publikum schuldig sind. Doch dies kostet Kraft und verursacht Stress. Deshalb gibt es gerade in Künstlerkreisen trotz all der intensiven Glücksgefühle auch Drogen und Alkoholprobleme.

Robbie Williams meinte in einem Interview, es gäbe für ihn fünf wichtige Dinge: seine Frau, seine Hunde, Fußball, die Musik mit der Band und Schokolade. Obwohl unglaublich berühmt, nutzt er also ähnliche Glückstankstellen wie wir auch.

Die bildende Kunst

Zur bildenden Kunst zählen vor allem Architektur, Bildhauerei, Malerei, Fotografie, Zeichnung, Grafik und Kunstgewerbe. Bereits die Menschen der jüngeren Altsteinzeit haben mit farbigen Steinen Kunstwerke in Felsenwände geritzt. So entstanden wunderschöne Tiermotive, und die gut erhaltenen Felsen- und Höhlenmalereien stellen, wie schon erwähnt, die ältesten Zeugnisse von Künstlern dar. Die ersten kompositorisch aufgebauten Schilderungen von Szenen finden sich in der altägyptischen Malerei, die eng an reliefartige Darstellungen angelehnt ist, und in der griechischen Vasenmalerei. Das in der europäischen Malerei vorherrschende Tafelbild wird erst im 19. Jahrhundert durch das auf Keilrahmen gespannte Leinwandbild ersetzt.

Über die verschiedensten Techniken, Farben und Materialien lassen uns die Künstler aller Kulturen und Stilepochen teilhaben an ihren Visionen, Gefühlen, Träumen und Vorstellungen. Ihre Bilder legen Zeugnis ab von der Einstellung einer jeweiligen Gesellschaft und können uns eine Menge über diese Zeit und die Auftraggeber, wie Kirche, Adel und Bürgertum, erzählen.

Aus der Jungsteinzeit stammen die ersten plastischen Tierdarstellungen und Idol-Figuren, die sich dann später zur Statuette entwickelten. Während sich in der assyrisch-babylonischen, der altägyptischen und hellenistischen Kultur die Skulptur zu bedeutender Höhe emporschwang, verzichtete die frühchristlich-byzantinische Epoche fast völlig auf plastische Darstellungen. Erst in der Romanik werden wieder vollplastische Figuren geschaffen, und im weiteren Verlauf der Kunstgeschichte durchlief die Skulptur alle Stilformen bis hin zur Abstraktion.

Am Beispiel des David von Michelangelo will ich darstellen, welche Kraft wir beim Anblick dieses Kunstwerkes schöpfen können.

David von Michelangelo

In Florenz steht die gigantische, über fünf Meter hohe David-Skulptur von Michelangelo (1475–1564). Er meißelte sie 1501 bis 1504 aus einem Marmorblock, der zuvor bereits von einem anderen Bildhauer bearbeitet worden war. Die Figur des David symbolisierte im republikanischen Florenz des 15. Jahrhunderts die bürgerlichen Freiheitsideale. Michelangelo schuf mit dieser Statue eine der bedeutendsten Skulpturen der Renaissance, und er vermochte es, dem zornigen Blick Davids eine beeindruckende Intensität zu geben. David bezwingt Goliath durch seine gespannte Wachsamkeit vor der großen Tat. Michelangelo bezwingt den Marmor, weil er sich förmlich mit ihm verbindet. Die Skulptur ist von unglaublich beeindruckender menschlicher Schönheit, und dem Künstler gelingt es, dem Stein Leben einzuhauchen.

—— Tattoo – ein künstlerisches Symbol auf der Haut ——

Ötzi, die Gletschermumie aus der späten Jungsteinzeit, war tätowiert. Vermutlich handelt es sich dabei um eine Heiltätowierung oder um magische Zeichen der Zugehörigkeit zu einer Sippe. Tattoos haben also eine sehr lange Tradition, und sie sind seit einigen Jahrzehnten vor allem bei den Jugendlichen wieder sehr beliebt. Doch was wollen junge, moderne Menschen heute mit einem Tattoo ausdrücken? Die Zeichen auf der Haut sollen ihre Individualität, ihren Kunstgeschmack, ihre Träume und Visionen symbolisieren und gleichzeitig ihr Zugehörigkeitsgefühl zu einer Clique verdeutlichen, was wiederum die Bindungshormone aktiviert.

Tätowieren ist von schmerzhaften, aber auch glücklichen Gefühlen begleitet. Beim Einstehen für die Kunst auf der eigenen Haut muss Härte und Mut gezeigt werden, denn die meist farbigen Kunstwerke werden mit Nadeln in die Haut gestochen. Das Glück der Verbundenheit mit seinem Symbol für immer birgt jedoch auch Gefahren. Die Farben und Pigmente können schädliche Schwermetalle und andere Zellgifte enthalten, weshalb man sich vor einer Tätowierung die Prüfzertifikate des Herstellers der verwendeten Materialien zeigen lassen sollte.

Kunstgeschmack, Vorlieben, Träume und Visionen können sich ändern, das Tattoo aber bleibt – für immer.

Die darstellenden Künste

Die Darbietung der Künstler auf der Bühne oder im Film führt bei uns Betrachtern zu tiefem Staunen, großer Bewunderung und Dankbarkeit. Diese Gefühlswelten sind es, die bei uns die gleichen Botenstoffe auslösen, wie sie auch die Künstler bei ihrer Darstellung erleben.

Tanzen

Tanzen ist individueller, gefühlvoller, spontaner, sinnlicher Körperausdruck. Jede Kultur hat ihre eigenen Tänze. So vielfältig die Rhythmen, so vielfältig sind auch die Tanzformen. Körper und Musik bilden eine Einheit, denn die Bewegung muss im Takt der Musik erfolgen. Dazu sind Gefühl für den Rhythmus, Ausdauer, Bewegungsfreude und Koordination nötig. Sich mit und über die Musik auszudrücken ist unendlich heilsam und wohltuend. Deshalb gibt es neben den vielen Möglichkeiten des Ausdruckstanzes, der Tanzschulen usw. auch die Tanztherapie.

Gerade nach schweren Krankheiten bietet Tanzen einen wundervollen Zugang zu den eigenen Empfindungen und zum Körper. Sich zu spüren, sich zu bewegen, sich zu trauen, sich zu zeigen, wieder Kind sein zu dürfen – das alles ist im Tanz integriert und heilt die Seele.

— **Sinnlicher Hüftschwung – der orientalische Tanz** —
Gerade der orientalische Tanz ist ein bereichernder Ausdruck von weiblicher Kreativität und Lebensfreude und wird seit Jahrhunderten von Frauen für Frauen getanzt. Es ist eine Freude, sich nach den rhythmischen Klängen der arabischen Musik zu bewegen. Gleichzeitig lernen wir Frauen dabei, Haltung einzunehmen und unseren Körper zu lieben. Bei den ausdrucksstarken, fließenden Bewegungen können wir uns ganz als Frau spüren und zeigen. Ob wohltuende, langsame, fließende oder temperamentvolle, mitreißende Bewegungen – der orientalische Tanz vermittelt ein tiefes Verständnis für den eigenen Körper.

Durch die isolierten Bewegungen werden die gesamte Wirbelsäule, der Schultergürtel, das Becken und die Muskulatur auf sanfte Weise gestärkt. Im gemeinsamen Tanz finden Begegnung und Begeisterung statt. Lebensfreude und Selbstbewusstsein stellen sich ein und sorgen so für Wohlempfinden.

Film- und Schauspielkunst
Betrachten wir in diesem Zusammenhang auch noch die anspruchsvolle Arbeit der Schauspieler. Warum

identifizieren wir uns mit ihnen und verehren sie so sehr? Durch ihre Fähigkeit, unabhängig von der eigenen momentanen Stimmung die unterschiedlichsten Gefühlszustände darzustellen, lösen sie beim Zuschauer ebenfalls Gefühle aus, die mit entsprechender Aktivierung von Botenstoffen einhergehen können. Ihre Darstellung findet sozusagen Resonanz zu unseren Empfindungen.

Interessant ist jedoch auch die Frage, was bei einem Schauspieler passiert, wenn er in die Gefühlswelten seiner Figuren eintaucht. Wie ich später bei der Glückstankstelle Spiritualität noch darlegen werde, ist es dem Gehirn gleichgültig, ob das Gefühl durch eine Illusion oder durch eine wahre Begebenheit ausgelöst wurde. Gerade weil Schauspieler so sensibel und empathisch sind, können sie sich in die jeweiligen Rollen einfühlen und lassen in sich ganz neue, wesensfremde Gefühle zu. Man kann also davon ausgehen, dass die Künstler während ihres Spiels bei sich selbst Stress-, Glücks- und Kuschelhormone aktivieren, die sie auch entsprechend beeinflussen. Schauspieler betreiben sozusagen Seelenstriptease und bringen ihren eigenen Hormonhaushalt gehörig durcheinander, damit wir als Zuschauer an ihren Gefühlswelten teilhaben können.

Vielleicht liegen darin auch mögliche Ursachen für Alkohol- und Drogensucht vieler Künstler. Denn je empathischer sich Schauspieler mit ihrer Rolle identifizieren, umso mehr Gefühlschaos entsteht. Je beliebter sie sind, umso mehr Druck und Stress können sich aufbauen. Gute Schauspieler bieten eine Projektionsfläche für Millionen von Menschen und aktivieren die angenehmen Botenstoffe. In Form von hohen Gagen, Applaus, Popularität, Auszeichnungen usw. fließen diese dann wieder an sie zurück.

Das Publikum kann jedoch auch sehr grausam sein. Es hat die Macht, Schauspieler auf eine einzige Rolle festzulegen, um als entsprechende Projektionsfläche zu dienen. Am Leben von Marylin Monroe lässt sich das sehr gut darstellen.

Der Mythos Marilyn Monroe
Als die junge Marilyn Monroe, die eigentlich Norma Jean Baker hieß, 1945 von einem Armeefotografen als Fotomodell entdeckt wurde, hatte sie dunkelblondes, schulterlanges, gelocktes Haar. Erst als sie die ersten Filmangebote bekam, veränderte sie sich zu der uns bekannten Kultfigur, einer Mischung aus naiver Kindfrau und atemberaubendem Vamp. Sicherlich genoss sie anfangs die Tatsache, Männern in aller Welt als Projektionsfläche eines Sexsymbols zu dienen und ihr Foto in unzähligen Soldatenspinden zu wissen. Und sie liebte ganz sicher auch ihre Popularität und ihren Einfluss als eine der bekanntesten Schauspielerinnen weltweit.

Doch irgendwann wollte sie nicht mehr nur als Sexsymbol gesehen, sondern als ernsthafte Schauspielerin anerkannt werden. Deshalb nahm sie sogar nochmals Schauspielunterricht und gründete eine eigene Firma. Sie wollte endlich auch anspruchsvolle Rollen spielen. Aber die Männer betrachteten sie weiterhin als Sexsymbol. Wie lange kann ein normaler Mensch den Anspruch einer unerreichbaren Göttin aufrechterhalten? Unsicherheit, Zweifel, Druck und Stress begleiteten ihr Leben und führten zu vielen schlaflosen Nächten. Ebenso wie Michael Jackson nahm sie Medikamente, um entspannen oder einschlafen zu können. Eine gefährliche Kombination verschiedener Präparate – zum falschen Zeitpunkt eingenommen – hat wohl schließlich den Tod der gerade erst 36-jährigen Marilyn herbeigeführt.

SIEBTE GLÜCKSTANKSTELLE

Gesundheit und Lebensfreude

»Reichtum ist viel, Zufriedenheit ist mehr,
Gesundheit ist alles.«

Asiatisches Sprichwort

Krankheiten kosten den Organismus viel Energie, und Kranke denken in solchen Situationen nur noch an Linderung und Heilung. Vorhandene Glückstankstellen können dann nur sehr schwer gepflegt und neue kaum aufgebaut werden. Während einer Krankheit verarmen Menschen daher häufig auch an den zur Gesundung so dringend benötigten Kuschelhormonen. Deshalb lohnt sich jede Investition in die Gesundheit.

Die fünf Säulen der Naturheilkunde

Die Naturheilkunde stützt sich auf fünf wichtige Säulen: Luft – Licht – Bewegung – Ernährung – Wasser. Mit der Darstellung dieser Säulen ließen sich ganze Bücher füllen, doch es gibt einige wesentliche Aspekte, die im Folgenden kurz erläutert werden sollen.

Luft

An dieser Stelle möchte ich nochmals an die richtige Atmung erinnern, die uns das Zwerchfell ermöglicht – eine Muskelplatte, die den Bauchraum vom Brustraum trennt: Wenn wir so atmen, dass das Zwerchfell bei jedem Atemzug mitschwingt, betreiben wir gleichzeitig beste Herzpflege. Beim Einatmen bewegt sich das Zwerchfell nach unten und vergrößert so den Brustraum. Dadurch kann mehr venöses Blut angesaugt und zu den Lungen geführt werden. Dies bedeutet, dass nun für Herz, Gehirn und Körper wesentlich mehr Sauerstoff zur Verfügung steht. Ausdauertraining, wie Joggen, Nordic Walking, Schwimmen oder Tanzen, ist nur mit dieser Atmung möglich.

Beim Ausatmen schwingt das Zwerchfell nach oben, und Kohlendioxid wird ausgeatmet. Ein Kätzchen auf Ihrem Schoß zeigt Ihnen die richtige Atmung. Gleichzeitig holen Sie sich dabei schon wieder einige Kuschelhormone.

Licht

Ohne Sonne gäbe es kein Leben auf der Erde. Obwohl sie 150 Millionen Kilometer von der Erde entfernt ist, fangen wir Menschen mit unserem Sonnensegel, der Haut, ihre wärmenden Strahlen ein. Damit ist die Haut in der Lage, 90 Prozent des Vitamin-D-Bedarfs aus der UVB-Strahlung des Sonnenlichtes selbst zu produzieren.

Forschungen zeigen, dass Vitamin D ein wahres Multitalent ist. Es beeinflusst den Kalziumstoffwechsel, senkt das Risiko für Herz-Kreislauf-Erkrankungen, wirkt positiv auf die Psyche, das Immunsystemsystem und den Nervenstoffwechsel. Der Aufenthalt in künstlichem Licht, Kleidung, Sonnencremes und natürlich ebenso die dunkle Winterzeit vermindern die Vitamin-D-Produktion. Durch Lebensmittel allein kann der tägliche Bedarf nicht gedeckt werden. Selbstverständlich erfordert ein längerer Aufenthalt in der Sonne einen guten Sonnenschutz, der die UVA/UVB-Strahlung abhält. Wird die Haut jedoch mäßig, aber regelmäßig mit der UV-Strahlung konfrontiert, bildet sie zum Schutz Pigmente.

Es gilt also auch hier der weise Satz von Paracelsus: »Die Dosis macht das Gift.«

Bewegung

Unsere 650 Skelettmuskeln sind seit jeher auf Hochleistung ausgerichtet und machen ein Drittel des Körpergewichtes aus. Zusammen mit dem aufrechten Gang hat sich bei uns Menschen ein komplexes Knochen- und Muskelsystem entwickelt. Um uns jeden Tag durchs Leben zu bringen, ziehen sich die Muskelfaserbündel zusammen und übertragen diese Kraft über die Sehnen auf unsere 200 Knochen. Nur dadurch können wir die Schwerkraft überwinden und aufrecht gehen.

Allein unser Herzmuskel schlägt täglich 100 000 Mal. Besser noch: Bei körperlicher Aktivität sendet die Muskulatur wertvolle Botenstoffe aus, die den gesamten Stoffwechsel zusätzlich positiv beeinflussen. Bewegung macht aber nicht nur stark und gesund, sondern auch schlau und glücklich, wie man inzwischen weiß. Sie ist sozusagen evolutionäre Medizin.

Doch nun die Diskrepanz: Während Athleten sogar vor Gendoping nicht zurückschrecken, um Höchstleistungen zu erzielen, verbringen rund 17 Millionen Deutsche ihren Arbeitsalltag sitzend und flach atmend am Schreibtisch. Das ergibt im Laufe eines Bürolebens um die 80 000 Sitzstunden. Da unser Körper jedoch auf Bewegung eingestellt ist, wird er durch das viele Sitzen extrem unterfordert. Kein Wunder also, dass viele Menschen unter Rückenproblemen und Muskelverspannungen leiden.

Die Glückstankstelle Körper benötigt Bewegung, eine bewährte Heilmedizin noch vor jedem Medikament.

Ernährung

Du bist, was du isst – und vor allem, was du verdaust. Letztendlich essen wir Menschen materialisiertes Licht in Form von Pflanzen und Tieren, die Pflanzen fressen. Entscheidend ist neben der Zusammenstellung, dem Rhythmus, der Qualität von Lebensmitteln aber auch die individuelle Verdauungsleistung. Wir sind zudem eingebunden in den Schöpfungskreislauf der Natur, der vielen Menschen nicht bewusst ist.

Alle Pflanzen schützen sich und ihre Samen vor der Sonnenstrahlung. Sie können ja nicht, wie wir, in den Schatten rücken. Deshalb haben sie sehr schlaue und bewährte Strategien entwickelt. Im Laufe ihres Wachstums und vor allem gegen Ende des Reifeprozesses bilden sie zum Schutz vor Sonnenbrand und Fressfeinden Tausende von Bioaktivstoffen aus. Doch die Geheimnisse der Pflanzenwelt sind noch lange nicht erforscht.

Für uns ist es äußerst wichtig, täglich mindestens fünf bis acht Portionen reife Pflanzenkost in Form von Früchten, Gemüsen, Beeren und Samen zu verzehren und natürlich auch Fleisch und Produkte von Tieren, die artgerecht gehalten werden. Nur dann erhalten unsere Billionen von Zellen auch die benötigten Makronährstoffe, wie Proteine, Fette, gute Kohlehydrate,

Mineralien, Spurenelemente, Ballaststoffe und die unverzichtbaren sekundären Pflanzenstoffe. Letztere geben unserem Körper durch ihre antioxidative Kraft den Schutz, den er braucht, um die Flut freier Radikale (FR) zu neutralisieren. Jede Zelle hat täglich zirka 10 000 Angriffe durch FR zu erleiden und muss sich davor schützen.

Doch was essen wir wirklich? Unreife Tomaten werden mit Äthylen begast, um nachzureifen. Sie sind lediglich eine Illusion echter Tomaten. Das Fleisch für Hamburger wird mit Ammoniumhydroxid desinfiziert, um E-Koli-Bakterien abzutöten. Vielleicht ist das der Grund, warum selbst Schimmelpilze nicht darauf gedeihen. 80 Prozent der Nahrungsmittel, auch Obst und Gemüse, werden inzwischen industriell hergestellt und schenken uns kaum noch Mikronährstoffe, von den eingesetzten Pflanzenschutzmitteln gar nicht zu sprechen.

»Nahrung, die ihre Fähigkeit verloren hat, Elektronen abzugeben, ist für den Organismus wertlos«, meint Prof. Dr. Manfred Hoffmann dazu.

Wer es deshalb nicht schafft, wirklich täglich 300 Gramm Obst und 400 Gramm Gemüse naturbelassen und von bester Qualität zu essen, sollte auf wertvolle Obst- und Gemüsekonzentrate, auch Nutrazeutika genannt, zurückgreifen.

Ein Wort noch zu den lebenswichtigen Bausteinen, den Enzymen. Man vermutet, dass zirka 5000 verschiedene Enzyme am Stoffwechselgeschehen beteiligt sind. Sie spielen eine große Rolle bei der Reparatur und Regeneration unserer Zellen und wirken positiv auf das Immunsystem. Die wahren Helfer jedoch sind unsere Darmbakterien, die um die 3000 Enzyme herstellen. Wir essen also im Prinzip, um unsere Darmbakterien zu ernähren. Gerade deshalb ist ein gesunder Darm auch ein Garant für Wohlbefinden. Industriell hergestellte Nahrungsmittel und auch erhitzte Lebensmittel enthalten nur einen geringen Enzymschatz. Deshalb folgt jetzt ein Rezeptvorschlag für ein enzymreiches, gesundes und darmfreundliches Frühstück.

— Frischkornbrei mit Hafer und Früchten —

Drei Esslöffel Nackthafer frisch mahlen und sofort mit kaltem Wasser zu einem Brei verrühren. In der Zwischenzeit einen Apfel mit der Schale würfeln und eine Banane klein schneiden. Den Brei mit zwei bis drei Esslöffeln Sahne und einem Esslöffel gerösteten Sonnenblumenkernen verfeinern.

Ursprünglich war Hafer ein lästiges Unkraut. Gerste und Emmer (Zweikorn) wurden kulinarisch bevorzugt. Als das Klima kälter wurde, avancierte Hafer als Frostkeimer zum lebensrettenden Lieblingsgetreide. Hafer enthält viel Vitamin B_1, Arginin und hochwertige essenzielle Fettsäuren. Die Wirkung auf den Darm und auch auf die Potenz ist überaus positiv.

Wasser

Gehirn und Drüsen des Menschen bestehen bis zu 85 Prozent aus Wasser. Rund 30 Liter sind in unseren Zellen gespeichert. Wasser ist Partner der Darmflora und der Enzyme. Schleimhäute wie beispielsweise die im Atmungs- und Verdauungssystem müssen gut mit Wasser versorgt werden, um ihre Schutzfunktion wahrnehmen zu können. In unserem Lymphsystem, das für Filterung, Reinigung und Abtransport von Stoffen zuständig ist, kreisen 15 Liter Flüssigkeit.

Der Körper verschiebt das Wasser innerhalb seiner Organsysteme nach einer bestimmten Rangordnung. Bei Wassermangel wird das Blut zu dick und kann seinen wichtigen Aufgaben als Trägersubstanz nicht mehr optimal nachkommen. Sauerstoff und Nährstoffe fehlen dann in den Zellen, und Abfallprodukte und Säuren verbleiben im Körper. Über Haut, Lungen, Nieren und Darm verlieren wir täglich zirka 1,5 Liter Wasser. Deshalb ist eine regelmäßige Flüssigkeitszufuhr überlebenswichtig.

Was aber ist nun wirklich gutes Wasser? Die Wasserversorger garantieren Keimfreiheit des Leitungswassers bis zum Hausanschluss. Um dies zu gewährleisten, setzen sie gegebenenfalls auch Chlor zur Desinfektion ein. Danach übernehmen sie keine Verantwortung mehr. Alte Rohrsysteme und Legierungen der Wasserhähne können das Wasser verunreinigen. Seit Jahren beschäftige ich mich mit Wasserionisierung und trinke und empfehle basisches Aktivwasser. Die Japaner sind hier Vorreiter auf dem Gebiet.

Das autonome Nervensystem

Unter Beachtung der fünf Säulen der Naturheilkunde können wir unseren Körper ganz wesentlich bei der Gesunderhaltung unterstützen. Da wir Menschen aber eine Einheit aus Körper, Geist, Psyche/Seele und Umfeld darstellen, kann es bei seelischen Disharmonien trotzdem zu Krankheiten kommen.

Wie sehr vertrauen wir unseren Selbstheilungskräften? Wie können wir sie stärken? Wie wichtig ist es bei Therapiemaßnahmen, alle Ebenen gleichzeitig anzusprechen? Inwieweit erfahren wir Unterstützung durch unser Umfeld? Hat unser Unterbewusstes überhaupt auf Gesundheit geschaltet?

So, wie über symbiotische Verbundenheitsgefühle die wunderbaren Kuschelhormone aktiviert werden, die uns seelisch ausgleichen, können Ängste, Ärger und Sorgen auch Stresshormone aktivieren, die auf Dauer unser Immunsystem schwächen. Da wir jeden Tag mit Angstzuständen und Konflikten konfrontiert werden, die wir mehr oder weniger gut ausgleichen, ist unser Organismus täglich anders gestimmt und unweigerlich auch seelischen und krank machenden Einflüssen ausgesetzt. Doch es wirkt eine biologische Intelligenz, die ständig um Ausgleich bemüht ist. Krankheitssymptome, Leid und Schmerzen sind ein Teil unseres Lebens und deshalb Zeiger einer Disharmonie und nicht ein Fehler der Natur oder eine unliebsame Störung.

Krankheiten verlaufen, nach Dr. Hamer, in zwei unterschiedlichen Phasen. Sie beginnen mit der aktiven Stressphase und münden in die Regenerationsphase. Dieser Verlauf ist sehr eng mit unserem autonomen Nervensystem, dem Sympathikus und Parasympathikus, verbunden.

Das sympathische Nervensystem
Der Sympathikusnerv ist vermehrt am Tag aktiv. Bei Ängsten laufen die entsprechenden Gefühle in der Amygdala, unserem Angstzentrum, ein, um weiter-

verarbeitet zu werden. Wie bereits geschildert, ist das Angstzentrum mit dem Nebennierensystem aufs Engste verknüpft. Das ist auch äußerst sinnvoll, denn hier werden die Stresshormone wie Adrenalin und Kortisol aktiviert, die uns zu Kampf oder Flucht befähigen. Dazu müssen die entsprechenden Zucker für die Muskulatur bereitgestellt werden.

Unserem Biorhythmus entsprechend ist das sympathische Nervensystem von morgens 4.00 Uhr bis abends 20.00 Uhr aktiv und innerviert unsere Arbeitsorgane, wie Muskeln, Herz, Gefäße, Gehirn. In dieser Zeit ist der Körper mehr auf Anspannung programmiert.

Das parasympathische Nervensystem
Während des nächtlichen Schlafes ist der Parasympathikus bzw. Vagus-Nerv dominant. Jetzt sind Magen, Darm, Leber und Bauchspeicheldrüse aktiv, um die Nahrung in Ruhe zu verdauen. Psyche, Gehirn und tagaktive Organe sammeln Kraft für den nächsten Tag. Nachts führt der Organismus auch Regenerations- und Reparaturmaßnahmen durch.

Die zwei Phasen einer Krankheit

An unserem autonomen Nervensystem zeigt sich, wie sehr wir Menschen biologischen Rhythmen unterworfen sind. Wenn wir uns gesund fühlen, schwingt unser Körper im gesunden Tag-und-Nacht-Rhythmus. Er ist zentraler Bestandteil unseres Lebens, und die Funktionen aller Organe werden von ihm koordiniert. Jede

Störung dieses Systems hat extreme Auswirkungen auf die Gesundheit.

Wir Menschen sind täglich mit biologischen Konflikten konfrontiert: Ärger, Verlustangst, Minderwertigkeitsgefühlen und vielem mehr. Doch häufig sind wir uns dieser Konflikte nicht bewusst oder können nicht darüber sprechen. Bis heute werden in der Regel Krankheitssymptome losgelöst von diesen Konfliktinhalten behandelt. Doch um wirklich zu gesunden, sollte neben jeder schulmedizinischen oder naturheilkundlichen Maßnahme auch das Wissen um diese Zusammenhänge hinzugezogen werden. Im Schnitt hat ein Hausarzt für einen Patienten allerdings nur fünf bis 15 Minuten zur Verfügung. In dieser kurzen Zeit ist es meist nicht möglich, Konfliktinhalte oder Lösungsansätze zu erarbeiten und aufzulösen.

Im aktiven Konfliktzustand befindet sich der Kranke in der *aktiven Stressphase.* Mögliche Anzeichen dafür sind Schlaflosigkeit, erhöhter Blutdruck, kalte Gliedmaßen, Appetitlosigkeit, Pulsbeschleunigung oder kalter Schweiß. Weitere Untersuchungen und Diagnosen können zusätzliche Ängste auslösen und den Zustand sogar noch verstärken.

Die Regenerationsphase wird durch den Parasympathikus eingeleitet. Anzeichen dafür sind Müdigkeit, erhöhte Körpertemperatur, niedriger Blutdruck, Gewichtszunahme, Schlappheit usw. In beiden Krankheitsphasen zeigen sich Symptome, und der Kranke benötigt neben der richtigen Therapie Aufklärung und Zuwendung. Entscheidend ist, dass zwischen Patient und Therapeut ein Vertrauensverhältnis besteht, und hier erweist sich die wunderbare Kraft der Kuschelhormone: Bindung schafft Vertrauen; Vertrauen aktiviert die Kuschelhormone, diese dämpfen den Mandelkern und führen den Kranken sanft in die Heilungsphase.

Wir dürfen allerdings nicht außer Acht lassen, dass wir neben unseren eigenen, oft blockierenden Glaubenssätzen auch noch mit den Überzeugungen der Therapeuten konfrontiert sind. Da unser Zwischenhirn eine völlig andere Sprache spricht als unser Großhirn, ist es wichtig, sich sowohl über die modernen Therapiemöglichkeiten der Schulmedizin zu informieren, als auch naturheilkundliche Verfahren mit einzubeziehen und den eigenen Lebensstil zu verbessern.

Doch Patienten benötigen noch weitere Hilfestellung, damit über innere Bilder- und Symbolkräfte alte Gefühlsmuster und Prägungen bewusst und gewandelt werden können. Über eine neue Einstellung zu einem Konfliktgeschehen gelingt eine andere Wahrnehmung, ein anderes Fühlen. Weil Menschen wesensmäßig sehr verschieden sind, sind sie aufgefordert, die für sie infrage kommenden Therapeuten und Heilmaßnahmen auszuwählen, ohne dabei belächelt zu werden. Allein das Vertrauen auf die richtige Behandlung und die fachliche Kompetenz des Therapeuten kann bereits ein entscheidender Impuls für Heilung bedeuten.

— Zwei Fallgeschichten

Die 51-jährige Renate M. wurde vor Jahren mit der furchtbaren Diagnose multiple Sklerose konfrontiert. Ihre Familie war natürlich völlig verzweifelt. Aufgrund einer Empfehlung suchte sie einen weiteren Arzt auf. Dieser untersuchte sie, sah sie mit warmen Augen an und sagte voller Zuversicht: »Das kriegen wir zusammen hin, keine Sorge.«

Dieser Satz war für Renate ein wichtiger Schlüssel zur Gesundung. Neben naturheilkundlichen Maßnahmen, wie beispielsweise Akupunktur, nahm sie auch den Rat des Therapeuten an, zusätzlich zu ihrer gesunden Ernährung unbedingt eine wertvolle Obst-, Gemüse- und Beerenauslese einzunehmen. Nach anfänglichen Zweifeln stellte sie jedoch schon bald eine Verbesserung ihres Zustandes fest. Aus der Ausweglosigkeit wurde – über das Prinzip Hoffnung, vermittelt durch den selbstbewussten Experten – ein Start in ein neues, erfolgreiches Leben. Die Krankheitsschübe wurden schwächer und hörten inzwischen ganz auf. Sie strotzt heute geradezu vor Gesundheit und Lebenskraft.

Hier sehen wir, wie wichtig es ist, dass Therapeuten von den Selbstheilungskräften ihrer Patienten unbedingt überzeugt sind, sonst kann die Seele des Kranken nicht daran glauben. Dieser eine Satz des Arztes holte Renate bereits aus ihrer tiefen Verzweiflung. Als sie dann auch noch die naturheilkundlichen Maßnahmen und Empfehlungen befolgte, verbesserte sich ihr Zustand zunehmend.

Maria S., 49 Jahre, kam in meine Praxis. Sie war in großer Sorge, weil sich am ganzen Körper rote, aufgequollene, juckende Flecken zeigten. Nur das Gesicht war bis jetzt noch verschont, aber wie lange noch? Die Medikamente, die ihr ihr Arzt verschrieben hatte, hätten bisher nicht geholfen.

Meine Untersuchung ergab keine allergische Tendenz. Das Blutbild war unauffällig. Ich nahm mir Zeit für eine ausführliche Anamnese und erfuhr, dass Frau S. und ihr Mann acht Wochen zuvor einen schweren Motorradunfall hatten. In der Sekunde des Unfalls glaubte Frau S., dass ihr Mann den Aufprall nicht überleben würde. Beide hatten jedoch großes Glück, denn außer Brüchen an Schulter und Beinen, die gut verheilten, gab es keine weiteren Verletzungen.

Was hat dies nun mit den Hautflecken zu tun? Der akute Schock, den Lebenspartner zu verlieren, wird als großer Trennungskonflikt erlebt. Die Haut reagiert bei solch archaischen Konflikten mit entsprechenden Symptomen. In der akuten Stressphase wirkt sie trocken mit oft harten kleinen Pusteln. Dies hatte die Patientin zwar wahrgenommen, aber die Brüche und der Krankenhausaufenthalt waren weit unangenehmer. In der Heilungsphase, wenn die Haut wieder durchblutet wird, erscheinen dann Symptome wie Nesselsucht und juckende Ekzeme.

Ich konnte Frau S. beruhigen. Sie befände sich bereits in der Heilungsphase. Sie hätte die schweren Zeiten bestens überstanden und müsse sich keine großen Sorgen mehr machen. Die von mir verordneten Naturheilmittel und der Tee würden in dieser Phase sehr gut wirken, und die Flecken würden bald abheilen.

Die Patientin berichtete mir beim nächsten Termin, dass die Hautflecken und das Jucken bereits nach drei Tagen völlig verschwunden waren. Sie fühle sich sehr ausgeglichen und gelassen seit dem Gespräch. Ihre Angst vor dem Autofahren, die sie seit dem Unfall hatte, sei gewichen, und sie habe wieder Mut und Vertrauen beim Fahren. Ich konnte ihr außerdem klarmachen, wie wichtig die vielen kleinen Glückstankstellen innerhalb einer Beziehung sind, die die stresshemmenden Bindungshormone fließen lassen. Außerdem hat sie sich entschieden, ihr Motorrad zu verkaufen.

Jeder Therapeut, jede therapeutische Maßnahme erzeugt eine Wirkung – negativ wie positiv. Auch wenn die Homöopathie oft belächelt wird, kann sich der Kranke sicher sein, dass ein Homöopath an die Lebenskraft seines Schützlings glaubt. Durch sein Sicheinfühlen in den Kranken und die ausführliche Befragung zur Mittelfindung empfindet der Patient ein starkes Gefühl von Interesse und Vertrauen. Wenn Patient und Therapeut an die Selbstheilungskräfte glauben, dann glaubt dies eben auch die Seele. Voller Hoffnung und Vertrauen geht der Patient nach Hause, nimmt seine für ihn ungefährlichen Heilmittel ein, bleibt mit seinem Therapeuten in Kontakt und wartet ab. Und siehe da, die Beschwerden bessern sich und sind meist irgendwann ganz verschwunden.

Samuel Hahnemann, der Begründer der Homöopathie, lebte zu einer Zeit, in der Kranke mit Aderlässen, blutigem Schröpfen, Brechkuren und Blutegeln manchmal derart traktiert wurden, dass sie sogar daran starben. Es ist schon bemerkenswert, dass sich nach solch drastischen Maßnahmen eine derart feinstoffliche Therapie durchsetzen konnte, die bis heute ihre begeisterten Anhänger hat.

Kranke Menschen haben ein sicheres Gespür dafür, wie ihr Gegenüber, sprich der Arzt, über ihr Befinden denkt. Sie fahren überaus feine Antennen aus und merken sehr genau, ob für sie noch Hoffnung besteht. Das Zusammenspiel von Zellen, Organen, Gehirn und Psyche ist noch nicht bis in alle Einzelheiten erforscht, und deshalb muss das Prinzip Hoffnung bis zum Schluss aufrechterhalten werden. Menschen werden in Zukunft immer offener werden für integrative und komplementäre medizinische Verfahren, bei denen die drei Aspekte Körper, Geist und Seele gleichzeitig Berücksichtigung finden.

Der Placebo-Effekt

Das Wort Placebo wird aus dem lateinischen *placere* abgeleitet und bedeutet: gefallen, nützen, guttun. Ein Placebo ist ein Scheinmedikament, das eigentlich keine pharmakologische Wirkung erzeugen kann. In klinischen Studien konnte allerdings nachgewiesen werden, dass sogar Scheinoperationen bei einigen Patienten das Empfinden einer Verbesserung ihres Zustands hervorriefen.

Als Auslöser von Placebo-Effekten werden in der Wissenschaft psychische Faktoren vermutet. Jede Behandlung löst beim Kranken ein besonderes Gefühl der Zuwendung aus. Er nimmt eine positive Erwartungshaltung ein und fasst Vertrauen zum Therapeuten und zur entsprechenden Maßnahme. Je größer die Spritze, die Medikamentenpackung usw., desto besser. Dies lässt unser Gehirn zu unserer »inneren Apotheke« greifen und schüttet unter anderem auch schmerzlindernde Endorphine aus. Zuwendung und Vertrauen rufen außerdem die Bindungshormone auf den Plan. Über die Dämpfung des Mandelkerns werden gleichzeitig die Strukturen zum Nebennierenrindensystem abgeschaltet und die Produktion der Stresshormone eingestellt.

Bei klinischen Placebo-Versuchen müsste auch festgestellt werden, in welchem Krankheitsstadium sich der Patient befindet. Heilung und Linderung erfolgen immer in der zweiten Phase einer Erkrankung, in der Regenerationsphase. Hier kann der Organismus auf alle Gesundheitsmaßnahmen bestens ansprechen. Während der aktiven Stressphase benötigt der Kranke hingegen eine ganz andere Vorgehensweise. In diesem Zustand muss er erst einmal beruhigt und stabilisiert werden. Solange das nicht verstanden wird, werden Medikamente und Therapien noch reichlich Schaden anrichten. Der Mensch als Einheit von Körper, Geist und Seele benötigt tatsächlich eine ganz besondere Betreuung, um wieder zu gesunden.

Wir müssen uns also fragen: Was hat das Medikament für einen Wirkmechanismus, und wann sollte es eingesetzt werden? Wie wirkt es, wenn die Stresshormone im Blut kreisen, und wie, wenn durch Zuversicht in die Wirksamkeit der Therapie diese Regelkreise abgeschaltet werden und stattdessen eine Menge Botenstoffe des Vertrauens im Blut zirkulieren?

Der Glaube an die eigenen Selbstheilungskräfte, die Einsicht in Konfliktzusammenhänge, die Übernahme von Verantwortung, die Entscheidung für einen gesunden Lebensstil, das Vertrauen in die Therapie, die Hoffnung auf Heilung, all das wirkt zusätzlich wie ein Placebo-Effekt. So können wir diese Kräfte positiv für uns nutzen, und es gilt nach wie vor: »Der Mensch ist des Menschen beste Medizin.«

Jede Mutter weiß um den Placebo-Effekt eines kleinen, bunten Pflasters. Das Kind ist hingefallen und weint bitterlich. Die Mutter tröstet es mit beruhigenden Worten, säubert vorsichtig die kleine Wunde und versorgt sie anschließend mit einem bunten Kinderpflaster. Dann pustet sie noch auf das Knie, und wie durch ein Wunder ist alles wieder gut.

Spontanheilungen

Auf einer Pilgerreise nach Lourdes hoffen alle Teilnehmer auf Linderung oder Heilung. Durch gemeinsame Gebete, Rituale und Zeremonien sind sie über das Prinzip Hoffnung miteinander verbunden. Die Gottesdienste und Prozessionen werden sehr aufwendig und eindrucksvoll gestaltet. Nach einem Bad im heiligen Wasser endet die Wallfahrt.

Auf diese Eindrücke reagiert natürlich jeder Mensch anders. Gemeinschaft, Gebete, Gesänge, Vertrauen, der Glaube an Maria, die in das persönliche Schicksal eingreifen kann, aktivieren große Mengen Vertrauenshormone. Die Hoffnung auf Genesung hält Einzug in die Seelen und bewirkt oft noch Tage oder Wochen danach ein gesundes Schwingen des vegetativen Nervensystems. Bei dem einen oder anderen führen vielleicht genau diese Vorgänge zur Linderung oder gar Heilung von Beschwerden.

Spontanheilung gibt es, doch kann es niemals ein Allgemeinrezept dafür geben. Jeder Mensch hat seine individuelle Form der Wahrnehmung und Konfliktverarbeitung und trägt sozusagen sein eigenes Universum der Überlebenskunst in sich.

Gerade bei der Geißel Krebs wird immer wieder von Spontanheilungen berichtet, die sich wissenschaftlich nicht erklären lassen. Jeden Tag entstehen in unserem Körper Tausende von Krebszellen. Entscheidend ist, ob unser Abwehrsystem sie erkennt und eliminiert. Die Diagnose Krebs stürzt die Menschen in einen schweren Todesangstkonflikt, der sich nicht mehr verdrängen lässt. Damit befindet sich der Kranke im Dauerstress und kann nicht mehr abschalten. Die vermehrte Produktion der Stresshormone schwächt nun zusätzlich das Immunsystem.

Die Kunst der Konfliktbewältigung ist wohl das Geheimnis der Heilung. Das schaffen wir meist nicht alleine – dazu brauchen wir Helfer und Mitstreiter.

Die neue Denkmedizin

Sekundäre Gefühle sind Bewusstseinseffekte, die durch einen Denkprozess entstehen. Dadurch können wir tiefe Glücks- und Dankbarkeitsgefühle ebenso wie spirituelle Erhabenheitsgefühle empfinden. Nur wir Menschen sind als einzige Lebewesen in der Lage, über unseren Geist Gefühle zu erzeugen, die die Produktion der Wohlfühlhormone anregen.

Der Neurowissenschaftler Joseph LeDoux hat festgestellt, dass der Mandelkern auf die Großhirnrinde (Cortex) einen weitaus größeren Einfluss hat als die Großhirnrinde auf den Mandelkern. Er hat gleichzeitig herausgefunden, dass bei Primaten die Verbindungen vom Großhirn zum Mandelkern weit stärker ausgebildet sind als bei allen übrigen Säugern. »Das würde bedeuten, dass bei uns Menschen der Cortex mehr und mehr Kontrolle über den Mandelkern gewinnt. Sollten die Nervenbahnen, die vom Cortex zum Mandelkern verlaufen, ein Gleichgewicht erreichen, könnte der Kampf zwischen Denken und Fühlen im Sinn einer harmonischeren Integration von Vernunft und Leidenschaft entschieden werden«, so LeDoux.[3]

Das Zwischenhirn diktiert also nach wie vor unser Fühlen und Denken.

— Die Kunst des bewussten positiven Fühlens —

Wir Menschen sind oft eingebunden in einen terminierten Alltag, sodass wir uns nur selten Zeit für das bewusste Fühlen nehmen. Doch alle Wahrnehmungen sind sinnlicher Natur. Während sich die Frühmenschen auf den Überlebenskampf konzentrierten, hat sich über die Jahrtausende heute sozusagen ein »Glücksprogramm« zum Genießen bei uns modernen Menschen installiert.

Gelingt es uns beispielsweise beim Bergwandern, bewusst das sagenhafte Blau des Enzians in uns aufzusaugen und an ein Gefühl der tiefen Verbundenheit mit der Natur zu koppeln, dann sorgen diese Frequenzen für die Aktivierung der Glückshormone. Auch Erotik ist ein Leben lang erfahrbar. Gerade mit zunehmendem Alter ist sie auf Feinsinnigkeit, Empfindsamkeit und heiterer Gelassenheit angelegt und hält vital und gesund. Die Naturschönheit einer blühenden Sommerwiese mit ihrem warmen Gras- und Blütenduft durchdringt uns freudig, und ein Spaziergang bei prasselndem Regen kann unglaub-

---

3 Joseph E. LeDoux, *Das Netz der Gefühle,* Hanser, München 1998

lich wohltuend und reinigend erlebt werden. Die Stille einer weiten Winterlandschaft bewegt uns tief, und ein bestimmtes Musikstück lässt uns ergriffen erschauern. Und wenn wir in angenehmer Gesellschaft mit Freunden eine Pasta und ein erlesenes Glas Rotwein genießen, sind wir fast wunschlos glücklich. Wir Menschen haben also die Fähigkeit, Glücksszenarien in uns zu imaginieren.

Durch ein verstärktes Training der bewussten Wahrnehmung gelingt gleichzeitig der Ausbau der Nervenbahn in Richtung Frontalhirn zum Zwischenhirn. Es lassen sich somit über Gedanken sinnliche Erfahrungen erzeugen, die wir mit Emotionen und Gefühlen verknüpfen. Jeder Spaziergang, jede Wanderung, jedes Spiel mit unseren Kindern, jeder Blick in den Sternenhimmel, jede noch so kleine Naturerfahrung lädt uns dazu ein. Über die Kunst des bewussten positiven Fühlens aktivieren wir ganz automatisch unseren Wohlfühlhormon-Cocktail. Es gilt somit, unser Bewusstsein zu schärfen und Sinneseindrücke bewusst wahrzunehmen, um damit eine positive Gefühlswelt anzukurbeln.

Zu wissen, dass wir sozusagen die Macht haben, uns selbst als Glückstankstelle zu erleben, ist von großer Bedeutung. Mit der Kunst des positiven Fühlens sprudelt diese ausgleichende Quelle immer dann, wenn wir uns ganz bewusst Zeit dafür gönnen.

Die Heilkraft der Massage

Die Massage wurde schon zirka 2700 Jahre v. Chr. zur Krankheitsvorbeugung und als Steigerung des Wohlbefindens angewandt und gilt somit als eines der ältesten Heilmittel der Menschheit. Aber auch Hippokrates (460–375 v. Chr.) erforschte ihre heilende Wirkung und meinte, dass jeder Arzt die Kunst des Massierens beherrschen sollte. Er schrieb seine Erkenntnisse nieder, und so wurde dieses Wissen in Europa bekannt. Ein weiterer bedeutender griechischer Arzt der Antike, Galenos (129–199), beschäftigte sich ebenfalls damit und erkannte die weitreichende heilende Wirksamkeit dieser Therapie. Im Mittelalter geriet diese Heilmethode in Vergessenheit und bekam erst durch Paracelsus (1493–1541) wieder mehr Anerkennung. Selbst Samuel Hahnemann (1755–1843), der Erfinder der klassischen Homöopathie, empfahl Massagen zur Ergänzung seiner Heilmethode.

Die erste und auch sehr kräftige Massage bekommen wir noch während der Geburt. Auf dem Weg durch den Geburtskanal wird durch die rhythmischen Kontraktionen der Gebärmutter das Fruchtwasser aus den Lungen gepresst und die Atmung angeregt. Auch die Gebärenden profitieren von einer Massage während der anstrengenden Geburt, denn dabei werden schmerzlindernde Endorphine und Oxytocin ausgeschüttet.

Heute gibt es viele Techniken und Formen der Massage mit unterschiedlichen Wirkungsweisen auf den Körper, und Menschen aller Altersgruppen, vom Baby bis zum Greis, genießen die Berührungen. Die speziellen Massagegriffe können die Durchblutung anregen, die Muskulatur lockern, Stress und Schmerz lindern, das Bindegewebe entlasten und das vegetative Nervensystem positiv beeinflussen. Berührungen von Mensch zu Mensch aktivieren die Wohlfühlhormone, sodass wir uns nach einer Massage richtig gut fühlen.

Hunde und Katzen holen sich völlig ungeniert von ihrem Frauchen oder Herrchen die heiß begehrten Streicheleinheiten. Doch wie kommen wir zu den wohltuenden Berührungen?

Wellness-Hotels haben das Bedürfnis des modernen, gestressten Menschen längst erkannt und bieten heute die verschiedensten Massageformen in Verbindung mit Sauna, Badebereich, gutem Essen und erholsamer Landschaft an. So gönnen sich viele eine kleine oder größere Auszeit vom anstrengenden Alltag, um sich einmal richtig verwöhnen zu lassen.

Doch auch ohne fachmännische Ausbildung hat jeder von uns die heilende Kraft der Massage in seinen Händen. Durch diese wundervolle Art der Berührung entstehen Gefühle des Wohlbefindens, der Nähe und des Vertrauens. Wenn wir einen Menschen massieren, uns in ihn einfühlen, ihn sanft und intuitiv berühren, auf seine Gefühle achten und ihn spüren, entstehen auf beiden Seiten die begehrten Glücksmoleküle der Nähe. Der Partner, die Freundin oder auch die Kinder freuen sich über das Geschenk einer Massage, und es lohnt sich, sie möglichst oft in unseren Alltag zu integrieren. Dadurch schulen wir außerdem unseren fünften Sinn und damit die Körperweisheit.

Berührungen und Massagen machen zufrieden, gesund und charismatisch, wie Marion Grillparzer und Susanne Wendel in ihrem Buch *Der Feelgood Faktor* ausführlich beschreiben. Die Autorinnen sind davon überzeugt, dass die Berührung die Grundlage für den Frieden sei. Denn wenn sich die Menschen mehr umarmten, würden sich die Friedenshormone bilden, und es gäbe keinen Krieg.

Tiere

> »Tiere sind die besten Freunde. Sie kritisieren nicht und stellen keine Fragen.«
>
> MARK TWAIN

Was macht die Beziehung zwischen Mensch und Tier so wertvoll, so besonders? Was macht sie zu einer Glückstankstelle? Im Umgang mit Tieren brauchen wir Fähigkeiten, die eine ganz besondere Beziehung und Bindung zwischen Mensch und Tier entstehen lassen, wie man sie etwa bei Pferdeflüsterern, Hundeverstehern, Tierärzten und Tierpflegern immer wieder beobachten kann. Doch diese Menschen, die wirklich die Sprache der Tiere zu deuten scheinen, müssen dafür sehr viel Engagement, Wissen, Zeit, Beobachtungsgabe und Einfühlungsvermögen aufbringen, um diese Fähigkeiten zu erwerben.

Wenn es aber gelingt, zu einem Tier diese besondere Beziehung aufzubauen, dann geschieht das Wunder: Das Tier fasst Vertrauen, und ein Gefühl tiefer Zuneigung stellt sich ein. Die Glückstankstelle ist aufgebaut.

Nutztiere

Als vor zirka 10 000 Jahren die Menschen sesshaft wurden und die ersten Siedlungen entstanden, begannen sie, gezielt Pflanzen anzubauen und Tiere zu zähmen. Zu den frühesten Haus- und Nutztieren zählten Ziegen, Wildschafe, Hühner, Auerochsen, Wildkatzen und auch Wölfe. Sie dienten als Nahrungsquelle, erleichterten als Zug- und Lasttiere die Arbeit und beschützten die Menschen.

Der amerikanische Evolutionsbiologe Jared Diamond forscht im Bereich der frühen Menschheitsgeschichte. Seinen Erkenntnissen nach entwickelten sich Landwirtschaft und Kultur in Europa und Asien weitaus schneller als anderswo, weil hier viele verschieden große Tiere lebten, die sich leichter zähmen und züchten ließen.

Bei der Domestizierung der Wildtiere war ihre Verwendung als Nutztiere ausschlaggebend. Dabei wurden diejenigen Tiere zur Züchtung ausgewählt, die weniger aggressiv waren als ihre Artgenossen. So wurde die Entwicklung dieser Tierarten nicht mehr durch die Evolution bestimmt, sondern durch die Zuchtauswahl der Menschen. Das hatte zur Folge, dass sich auch deren genetische Eigenschaften veränderten.

— **Geflügelfreuden** —————————————

Meine Freundin Elke ist eine »Gänseflüsterin«. In ihren Adern fließt georgisches Blut. Vor einigen Jahren besuchte sie ihre Verwandten in Georgien, und sie berichtete mir von ihren Eindrücken. Es fing schon damit an, dass sie auf ganz ungewöhnliche Weise begrüßt wurde. Die Menschen umarmten, streichelten und tätschelten sie vor Freude. Nachmittags ging sie spazieren und beobachtete die unberührte Landschaft. Als sie abends den Rückweg antrat, erlebte sie ein ganz besonderes Schauspiel. Plötzlich befand sie sich inmitten der Tiere des Dorfes. In der Gesellschaft von Kühen, Gänsen, Hunden, Katzen und Schafen trat sie in der Abendsonne gemütlich den Rückweg an.

Elke lebt mit ihrer Familie schon seit Jahren im Bayerischen Wald in einem kleinen Dorf. Die Kinder sind erwachsen, und sie hat wieder Zeit für ihren Garten und ihr ganz besonderes Hobby, die Geflügelzucht. Dazu liest sie Bücher und informiert sich im Internet über Rassen und Tierhaltung. Im Frühjahr holt sie sich 20 Gänseküken. Da es sich um Zuchttiere handelt, ist sie sozusagen die »Gänsemutter«. Frühzeitig am Morgen sieht sie nach den Gänsekindern. Sie beobachtet die Kleinen sehr genau. Jeden Tag entdeckt sie neue Fähigkeiten und freut sich über die Lernbereitschaft der Tiere, die sich offensichtlich frei und zufrieden fühlen und sich prächtig entwickeln. Elke ist es gelungen, mitten im Bayerischen Wald ein kleines »georgisches Tierparadies« zu schaffen. Sie hat »glückliche Gänse« und viel Freude bei ihrer Aufgabe.

Doch obwohl es »Nutztiere« sind, entstand zwischen Elke und den Gänsen eine gewisse, nicht wirklich gewollte Bindung. Im nächsten Jahr wird sie sich keine Gänschen mehr holen. Je mehr sie die Sprache dieser Tiere verstand, umso mehr bemerkte sie, wie schlau und kontaktfreudig sie sind. Der Schlachttag war nicht nur für die Gänse, sondern auch für meine Freundin ein zu schmerzvoller Abschied. Jetzt freut sie sich auf die schmackhaften Eier ihrer friedlichen Hühnerrassen und sieht den Enten am Weiher zu.

Haustiere

In meiner Nachbargemeinde Taufkirchen dürfen Bewohner eines Altenheims eigene Haustiere besitzen. In anderen Altersheimen ist es oft üblich, dass Tierhalter mit ihren Vierbeinern zu Besuch kommen und für Stunden der Freude sorgen. So ist zum Bespiel der Heimleiter eines Pflegeheims im Kanton Bern in der Schweiz darum bemüht, Tiere mit den alten oder kranken Menschen zusammenzubringen. Auf dem Heimgelände leben Katzen, Hunde, Hühner, Lamas, Ziegen, Fische und noch einige andere Tierarten. Der Umgang mit den Tieren liefert Gesprächsstoff unter den Heimbewohnern, gibt ihnen Verantwortung, ersetzt Medikamente, vermindert den Abschiedsschmerz von zu Hause, weckt gute Erinnerungen an früher und hilft bei der Eingliederung ins Heimleben. Die Lebendigkeit der Tiere bringt Schwung ins Heim, und das Betrachten einer schlafenden oder sich zufrieden räkelnden Katze auf dem Sofa führt zu heimeliger Zufriedenheit und Entspannung. Eine Untersuchung hat bestätigt: Katzen zu streicheln kann den Blutdruck senken. Gerade weil diese Tiere sich nicht dressieren lassen, ist ihre Zuwendung besonders bedeutsam für die alten Menschen. »Ich werde noch gebraucht«, meinte die ältere Dame, die sich der Aufgabe angenommen hat, die beiden Katzen täglich zu füttern.

Auch für Kinder ist es überaus förderlich, mit Tieren aufzuwachsen. Dadurch lernen sie, Verantwortung zu übernehmen und Mitgefühl zu empfinden. Aber auch wir Erwachsenen können von Tieren sehr viel erhalten. Ihr angeborener Spieltrieb, den beispielsweise Hunde ihr Leben lang nicht verlieren, animiert uns Menschen immer wieder zum Mitspielen. Der ganz besondere Dialog mit Tieren führt zu einem starken Verbundenheitsgefühl und damit zu den begehrten Bindungshormonen.

Wenn jedoch der Umgang mit dem Tier dazu führen sollte, seine Mitmenschen aus den Augen zu verlieren, läuft etwas schief. Es gibt Tierbesitzer, die – vor eine Entscheidung gestellt – sich lieber vom Partner als von ihrem Tier trennen würden. Aber auch Haustiere sind Tiere und nicht die »besseren Menschen«. Das Einfühlungsvermögen, das wir brauchen, um friedlich und glücklich mit Tieren zusammenzuleben, sollte uns gerade für die Beziehung zu Menschen zur Verfügung stehen.

Der erst kürzlich verstorbene Vicco von Bülow, alias Loriot, liebte Hunde, und ganz besonders Möpse. Immer wieder taucht der Mops in seinen Büchern, Sketchen und Trickfilmen auf. Die Faszination zu diesen Tieren teilte er mit Napoleon, Jackie Kennedy, dem Schah von Persien, dem Herzog von Windsor, Wilhelm Busch, Heinrich Heine und Christian Morgenstern. Ein Leben ohne Mops sei möglich, aber sinnlos, wie Loriot einmal meinte, denn weder durch Gesichtsausdruck noch durch Körperbau oder Charakter sei der Mensch in der Lage, dem Vergleich mit Möpsen standzuhalten.

Wir können nur erahnen, welch große Glückstankstelle Hunde und im Besonderen Möpse für Herrn von Bülow über Jahrzehnte hinweg darstellten.

Für den Aufbau einer echten Hunde-Glückstankstelle ist es wichtig, das Wesen des Tieres kennenzulernen, Verantwortung zu tragen und mit dem Tier eine freundliche, aber bestimmte, an Regeln gebundene Zukunft zu erarbeiten. Dies erfordert Geduld, Disziplin und Zeit. Nur dann stellen sich die erwünschten Bindungshormone ein.

— **Ein Tipp, wie Sie den richtigen Welpen auswählen** – Sie sind beim Züchter und sollen sich für einen der fünf Welpen entscheiden. Wie finden Sie heraus, ob ein Tier die Fähigkeit zur Weisungswilligkeit besitzt, das heißt, ob der Hund bereit ist, durch Kontakt zu Ihnen Ihre Weisung aufzunehmen?

Ganz einfach: Beobachten Sie, wie die friedlich schlafenden Tiere reagieren, wenn Sie sie leicht anstupsen.
- Der Welpe grunzt und schläft weiter.
- Der Welpe steht auf und geht weg.
- Der Welpe sieht Sie an.

Dreimal dürfen Sie raten, welcher Welpe die Fähigkeit besitzt, die Weisungswilligkeit auszubilden.

Tiere als therapeutische Helfer

Der therapeutische Einsatz von Tieren – egal, ob Esel, Pferde, Delfine, Hunde oder Katzen – macht die Tierhalter empathischer, und diese Fähigkeit kann hervorragend im Alltag eingebracht werden.

Esel – kein bisschen stur
Kinder wie Erwachsene fühlen sich gleichermaßen vom Esel magisch angezogen, der schon seit sehr langer Zeit Begleiter des Menschen ist. Esel waren bereits

als Lasttiere beim Pyramidenbau dabei. Was sind es für Fähigkeiten, die dieses Tier für uns auch heute noch so interessant machen, obwohl dem Esel ja extreme Sturheit nachgesagt wird? Dieses Vorurteil entstand, weil er im Grunde sehr vorsichtig ist und nur das macht, was gut für ihn ist. Obwohl sehr gutmütig und arbeitswillig, hat er doch einen ganz eigenen Charakter, auf den sich der Mensch unbedingt einstellen muss.

Neben seiner Vorsicht ist das Tier lernfähig und intelligent und deshalb besonders für die therapeutische Zusammenarbeit mit Angstpatienten geeignet. Diese Menschen trauen sich im täglichen Leben fast nichts mehr zu, der Kontakt zu den Mitmenschen ist eingeschränkt oder oft ganz abgebrochen. Meist fühlen sie sich unsicher, ungeliebt und ausgegrenzt. Beim Führen eines Esels ist nun wichtig, eine Bindung zu dem Tier aufzubauen.

Die Herausforderung besteht darin, sich ganz auf die Körpersprache des Esels einzulassen und jede seiner Regungen genau zu beobachten. Esel strahlen sehr viel Ruhe aus, was sich wiederum überaus positiv auf die Angstpatienten auswirkt. Der sichere Umgang mit dem Tier baut ihren Selbstwert auf, und die erworbenen Fähigkeiten können den Zugang zu den Mitmenschen wieder erleichtern.

Kapuzineraffen als tierische Helfer
Kapuzineraffen sind wie Kleinkinder: neugierig, intelligent, verspielt und stark. Deshalb sind sie hochbegehrt beim Umgang mit Behinderten und Unfallopfern. 50 Tiere werden derzeit im Monkey College in

Boston vier Jahre lang für ihre Aufgabe trainiert, und nur sechs bis acht Äffchen jährlich können an Behinderte übergeben werden. Etwa 30 Befehle verstehen die Tiere, und da sie bis zu 40 Jahre alt werden können, sind sie die idealen Helfer und Begleiter für behinderte Menschen.

In einer Dokumentation des Senders 3sat wurde der Alltag von Casey, einem Kapuzineräffchen, und Net, einem jungen Mann, der seit seinem Autounfall gelähmt im Rollstuhl sitzt, gezeigt. Net war zutiefst deprimiert über seinen Zustand. Durch Zufall erfuhr seine Mutter von der Therapie mit Kapuzineräffchen und hegte sehr große Hoffnungen für ihren Sohn, die sich schon bald verwirklichten. Gerade hier wird der Deal spürbar zwischen Mensch und Tier: Für das Äffchen ist der Behinderte der Rudelführer. Nur ihm folgt das Tier aufs Wort. Net hatte nun eine Aufgabe, denn die helfenden Hände des Tieres benötigen tägliches Training und Lob. Das Äffchen kann Knöpfe drücken, CDs wechseln, einen Reißverschluss auf- und wieder zumachen, das Licht ein- und ausschalten und noch vieles mehr.

Diese Wechselseitigkeit führt zu einer wunderbaren Beziehung zwischen Mensch und Tier. Sie zwingt den Behinderten, aktiv zu sein und zu bleiben, und macht die täglichen großen und kleinen Frustrationen des Alltags erträglicher. Die Unvoreingenommenheit des Äffchens lässt Net ein Leben jenseits von Behinderung und Schmerz erleben. Das Tier braucht den Menschen und der Mensch das Tier.

Oxytocin fließt auf beiden Seiten und wirkt ausgleichend und stärkend. Im Fall von Net ließ sich beobachten, wie sich seine Depression von Tag zu Tag ein wenig besserte und er langsam wieder Hoffnung schöpfte.

— **Ein Wombat mit Liebeskummer** —————————
Der Zyklon Yasi fegte Anfang Februar 2011 über die Nordostküste Australiens. Dabei wurde auch der Tierpark in Townsville verwüstet. Einer seiner Bewohner, der Wombat Tonka, hatte zuvor ein beschauliches Leben geführt. Er wurde von den vielen Besuchern gefüttert, gestreichelt und verhätschelt. Die selten gewordenen Beuteltiere genießen im Tierpark ganz besondere Zuwendung von Pflegern und Besuchern, und natürlich fließen da auf beiden Seiten die Wohlfühlhormone. Daran war Tonka nun schon jahrelang gewöhnt.

Mit dem Wirbelsturm änderte sich sein Leben dramatisch. Der Tierpark musste geschlossen werden, und nur noch ein Pfleger kümmerte sich um Tonka. Das Tier, obwohl körperlich gesund, wurde immer trauriger und vermisste seine große Familie. Der Pfleger vermutete, dass Tonka unter Liebesentzug litt. Es fehlten ihm die Kuschelhormone, und darum wirkte er depressiv und verlor an Gewicht. Glücklicherweise kann Tonka nach der erneuten Öffnung des Tierparks seinen Wohlfühlhormonspeicher wieder auffüllen.

Haustierwahn

Fast jeder dritte Deutsche hält ein Haustier, am liebsten einen Hund. Um die 9000 private Züchter zeigen jährlich Hunderte von Hunderassen und Tausende von Rassewelpen auf großen Messen. Der Verband Deutscher Hunderassen (VDH) tritt hier als Kontrollgremium auf und ist Garant für Herkunft, Züchtung, Gesundheit, Sozialverhalten und Impfung der Tiere. Der Markt für Rassehunde mit Stammbaum, der dem Halter Sicherheit über die Abstammung des Tieres gibt, ist riesengroß. Obwohl es in Deutschland viele seriöse Tierzüchter gibt, sind doch auch einige schwarze Schafe unter ihnen. Wer sich deshalb einen Rassehund als Begleiter gönnen möchte, sollte den Züchter persönlich kennenlernen und bereit sein, einen entsprechenden Preis zu bezahlen. Ein Rassewelpe kostet heute zwischen 1200 und 7000 Euro, manchmal sogar noch mehr.

Die Hundezucht hat jedoch auch ihre Schattenseiten, denn es gibt einen riesigen Schwarzmarkt. Billige »Rassewelpen« werden im Internet angeboten. Die Tiere werden im osteuropäischen Raum gezüchtet und wie eine beliebige Ware angeboten, obwohl sie überaus empfindsame Lebewesen sind. Der Käufer erfährt nichts über Haltung, Sozialverhalten und etwaige Krankheiten der Tiere. Muttertiere und Welpen fristen nur allzu oft ein elendiges Dasein, und Krankheiten werden erst viel später bemerkt. Häufig wollen Interessenten die niedlichen kleinen Hundewelpen retten, und meinen auch noch, mit dem Kauf eine gute Tat zu begehen, ohne zu ahnen, dass damit der Schwarzmarkt und die Ausbeutung von Tieren nur noch weiter angeheizt werden. Ein im Internet oder auf Wochenmärkten für 50 Euro gekaufter »reinrassiger« Welpe ist kein Schnäppchen, sondern das ersparte Geld muss fast immer für den Tierarzt ausgegeben werden. Mehr als die Hälfte dieser Welpen ist dem Tod geweiht, da die Tiere weder entwurmt noch geimpft und die vorgelegten Impfausweise meist gefälscht sind.

In deutschen Tierheimen sind 300 000 Tiere untergebracht, Tendenz steigend. Viele Halter haben sich ihr Wunschtier angeschafft, ohne sich vorher überlegt zu haben, ob sie auch bereit sind, ihr Leben lang das Tier zu versorgen. Mit einem Hund muss man mehrmals täglich bei jedem Wind und Wetter Gassi gehen, er will auch, dass man mit ihm spielt und ihn streichelt. Dazu kommen die Ausgaben für Futter, die jährliche Hundesteuer und die laufenden Kosten für regelmäßige Tierarztbesuche. Und wenn dann der jährliche Flug in den Sommerurlab ansteht, ist in vielen Fällen das ehemalige Wunschtier nur noch lästig und kommt ins Tierheim – oder wird im schlimmsten Fall einfach irgendwo ausgesetzt.

Die Haustiere des 21. Jahrhunderts sind Exoten, wie Spinnen, Chamäleons, Amphibien, Schlangen. Diese nicht domestizierten Tiere stellen hohe Anforderungen an ihre Halter, die diese häufig nicht erfüllen können, da ihnen die nötigen Sachkenntnisse fehlen. Exotische Tiere kommen meist aus Wildfängen zu uns in den Handel und zählen nicht selten zu den bedrohten Arten.

Am Flughafen Frankfurt/Main wurden im Jahr 2008 5000 lebende Tiere sichergestellt. Es sollte jedem bewusst sein, dass der Kauf eines solchen Tieres zum Artensterben beiträgt.

NEUNTE GLÜCKSTANKSTELLE

Ehrenamt

»Der Lohn eines Amtes ist das Amt selbst.«

Lucius Annaeus Seneca

Eine ehrenamtliche Tätigkeit ist im ursprünglichen Sinn ein freiwilliges Amt, das sich nicht auf Entgelt ausrichtet. Viele Menschen wollen in ihrer Freizeit etwas Sinnvolles tun. Deshalb engagieren sich ca. 23 Millionen Personen deutschlandweit seit Jahren ehrenamtlich in Vereinen, Verbänden, Initiativen, Krankenhäusern oder Kirchen. Als Motive werden genannt: soziale Verantwortung übernehmen, helfen wollen, Kontakte knüpfen, neue Lernerfahrungen machen und das eigene Selbstwertgefühl verbessern. So sind zum Beispiel alle Mitglieder der freiwilligen Feuerwehr ehrenamtlich tätig. Auch viele andere Hilfsorganisationen wären ohne ehrenamtliche Mitarbeiter nicht denkbar. Caritas, Diakonie, Telefonseelsorge, Schülerlotsen, DRK, Tierschutzorganisationen sind nur einige wenige Beispiele für Bereiche, in denen Freiwillige unentgeltlich oder gegen geringe Aufwandsentschädigung Dienst tun.

Ehrenamtliche Tätigkeiten erfordern sehr viel Einfühlungsvermögen, Mitgefühl, Kontaktfreudigkeit, Zuverlässigkeit, Belastbarkeit und auch Verschwiegenheit. Hier findet ein echter Austausch statt, der zu tiefen menschlichen Bindungen führen kann.

Das soziale Engagement ist Hilfe von Mensch zu

Mensch. Oft ändert sich dadurch auch die Sichtweise auf die eigenen Probleme. Für ältere Menschen kann ein Ehrenamt zur Lebensaufgabe werden, denn sie erfahren, wie sehr sie noch gebraucht werden. Ehrenamtliche Tätigkeiten schaffen darüber hinaus viele soziale Kontakte und Bindungen.

Damit aber das Ehrenamt zu einer bereichernden Glückstankstelle wird und die Botenstoffe der Nähe fließen, braucht es Bestätigung und Austausch zwischen allen Beteiligten, den Verantwortlichen der Einrichtung, den ehrenamtlich Tätigen und den Menschen, denen Hilfe zuteil wird.

Grüne Damen und Herren

Meine Nachbarin ist eine Grüne Dame. Sie arbeitet ehrenamtlich in einem Krankenhaus und übernimmt für drei bis vier Stunden an einem Tag in der Woche für die Patienten verschiedene Dienste. Sie hört ihnen zu, wenn sie von ihren Sorgen und Nöten erzählen wollen, begleitet sie zu Untersuchungen, Gottesdiensten und Spaziergängen, unterstützt sie bei Aufnahmeformalitäten, besorgt Literatur und liest vor, wenn gewünscht. Auch Einkäufe und Wäsche werden von ihr häufig erledigt u. v. m.

Grüne Damen und Herren tragen dazu bei, dass sich die Kranken verstanden und geborgen fühlen. Meine Nachbarin leitet außerdem eine Gruppe von Grünen Damen. Sie plant beispielsweise gemeinsame Ausflüge, sorgt für Austausch untereinander, organisiert kleine Feiern an Geburtstagen und hat sowohl für die

Kranken als auch für die Kolleginnen immer ein offenes Ohr.

— **Zwei Fallgeschichten** —————————————

Vor einiger Zeit kam eine sehr rüstige ältere Dame zur Beratung in meine Praxis. Sie beklagte sich unter anderem darüber, dass sie, seit sie Rentnerin sei, keine richtige Aufgabe mehr hätte. Eine anspruchsvolle Berufszeit läge hinter ihr, und nun fiele ihr buchstäblich die Decke auf den Kopf. Ich stellte einen Kontakt zu meiner Nachbarin, der Grünen Dame, her.

Seitdem ist die ehemalige Klientin ebenfalls ehrenamtlich als Grüne Dame tätig. Sie nimmt ihre Aufgabe sehr ernst und ist eine äußerst einfühlsame Zuhörerin und zugewandte Ansprechpartnerin. Durch diese neue Tätigkeit hat sich ihr Leben überaus positiv verändert.

Eine 30-jährige Klientin ist zusammen mit ihrem Freund bei der freiwilligen Feuerwehr und auch noch beim Roten Kreuz. Diese ehrenamtlichen Tätigkeiten betrachtet sie – neben ihrem Wunsch, helfen zu wollen, und der kollegialen Gemeinschaft – als Ausgleich zu ihrem normalen Berufsleben als Bankkauffrau. Seit sechs Jahren fährt sie als unterstützende Kraft im Rettungswagen mit und hilft bei Einsätzen auf dem Oktoberfest, bei Fußballspielen, bei Badeunfällen im Schwimmbad usw. Darüber hinaus hat sie vor drei Jahren eine Ausbildung bei der freiwilligen Feuerwehr als First Responder absolviert. Seit dieser Zeit hat sie zusammen mit ihrem Freund an bestimmten Wochenenden Rufbereitschaft, um als Erste mit dem Auto an einer Unfallstelle einzutreffen und bei Verletzten medizinische Notfallhilfsmaßnahmen einzuleiten.

Gefragt, was das Ehrenamt für sie bedeutet, antwortet sie: Man bekommt so viel von den Menschen zurück.

ZEHNTE GLÜCKSTANKSTELLE

Garten und Naturerlebnisse

»Man muss nicht erst sterben, um ins Paradies zu gelangen, solange man einen Garten hat.«

PERSISCHE WEISHEIT

Wir Menschen brauchen Naturerlebnisse und Gartenfreuden, um wieder unsere Balance zu finden und um Disharmonien auszugleichen. Deshalb besteht bei vielen der Wunsch nach einem eigenen Stück Land, das sie nach ihren Vorstellungen gestalten können. Denn ein Garten erfüllt elementare Bedürfnisse der Menschen nach Geborgenheit, Ruhe und Schönheit. In ihm verbinden sich Mensch und Natur.

Doch genauso wichtig wie ein eigener Garten sind für uns Ausflüge in die Natur. Berge, Felder, Wiesen und Wälder, Bachläufe und Flussufer laden zu Spaziergängen und Wanderungen ein. Ein Aufenthalt in der Natur ist immer erholsam und eine wahre Glückstankstelle.

Gartenträume – Gartenräume

Der Mensch mit seinen individuellen Vorstellungen der Gartengestaltung – ob Symmetrie und Perfektion, Chaos oder gepflegtes Durcheinander – erlebt sich voller Tatendrang: Gartenräume, behutsam eingebettet in die sie umgebende Natur, lassen Gartenbesitzer geradezu schwelgen in Formen und Farben. Es gilt, die Natur zu beobachten, Pflanzen zu entdecken, Standorte zu bestimmen und bauliche Maßnahmen zu erwägen.

Dieses irdische Paradies benötigt natürlich jede Menge Fürsorge und Zuwendung, sonst wird es von der Natur gnadenlos zurückerobert. Im Frühjahr fallen die meisten Arbeiten an, der Sommer beschenkt uns dann mit seiner Fülle an Blütenpracht.

Der Garten wird zu einem Sehnsuchtsort, an dem Natur erfahrbar wird und eigene Gestaltungsmöglichkeiten ausprobiert werden dürfen. Es ist ein Ort des Genießens, Spielens, der Ruhe, der Rückbesinnung, ein Ort, um über das Leben und das Universum nachzudenken.

Als Insel der Geborgenheit ist der Garten eines der stärksten Symbole für Privatheit. Der Zaun hält alles Störende ab. Darüber hinaus bietet ein Garten vielfältige Möglichkeiten einer gesunden und natürlichen Lebensweise und ist darum eine Quelle für Freude, Gesundheit und Wohlbefinden:

- Sandkasten, Brunnen, Duschen, eine wetterfeste Tischtennisplatte, Federballnetz, Schaukeln usw. laden zum Spielen mit den Kindern ein.
- Die Terrasse oder ein Feuerplatz sind bestens geeignet für gemeinsame Aktionen mit Freunden und Nachbarn.
- Wichtig sind auch Rückzugsmöglichkeiten mit Sichtschutz. In einer Hängematte neben einem sanft plätschernden Quellsteinbrunnen lässt es sich wunderbar träumen, sonnen oder meditieren.
- Ein Teich oder Wassergarten bietet Lebensräume für viele ungewöhnliche Bewohner, wie Libellen, Ringelnattern und Frösche.

- Der Nutzgarten liefert vitalstoffreiche Gemüse, Beeren, Obst, Kräuter und Salate. Obstbäume sind das ganze Jahr über eine Augenweide.
- Kleine Biotope aus Reisig, Laub und Steinen eignen sich als idealer Tummelplatz für Igel, Kröten und Blindschleichen. Nistkästen bieten Staren und Meisen Unterschlupf.
- Blumenbeete, Stauden und Sträucher ziehen Hummeln, Bienen und viele andere Insekten an und versprechen Hochgenuss durch ihre Blütenpracht.

Kein Wunder also, dass der Garten für uns Menschen eine sehr große Glückstankstelle darstellt. Wenn ich aus meinem Garten eine Handvoll Kräuter hole – Rosmarin, Basilikum, Zitronenmelisse oder Thymian –, um ein italienisches Gericht zu verfeinern, wenn ich meine erwachsenen Söhne zum Grillnachmittag einlade, wenn ich meine Nachbarin zu Kaffee und Kuchen auf meine Terrasse bitte, wenn ich meine drei Igel abends beobachte und dem Kleiber zusehe, wie er mit dem Kopf nach unten am Baumstamm hinabläuft, wenn ich in der Hängematte bei einem Glas Rotwein den Vollmond betrachte, wenn ich mir mit einem Rosenstrauß den Duft der Liebe in die Wohnung zaubere, ja, immer dann entstehen die Gefühle, die meinen Wohlfühlhormon-Cocktail aktivieren.

— Der Sinnesgarten »Im Pfarrgarten« —
Ein Team der Pflegeeinrichtung des Johanniter-Pflegewohnhauses im schwäbischen Mögglingen legte für seine an Demenz erkrankten Bewohner einen Sinnesgarten an. Er bietet Raum für viele Aktivitäten wie Gartenpflege,

Säen, Gießen und Ernten. Dies alles sind Arbeiten, mit denen die älteren Damen und Herren zeitlebens vertraut waren.

Der liebevoll angelegte Garten ist inzwischen Zentrum der Einrichtung geworden. Ziel war es, den Garten nicht nur schön, sondern auch praktisch zu gestalten. Man zog erfahrene Gartenplaner hinzu und baute konische Hochbeete, die auch mit Rollator und Rollstuhl zugänglich sind. Es gibt Beete zum Tasten, Riechen, Schmecken und einen Quellstein, der sanftes Geplätscher verbreitet.

Selbst im Winter gibt es viel zu tun, denn da werden Tees und Handcremes aus den gesammelten Rosenblättern und Kräutern hergestellt. Ein wunderbares Beispiel für den Aufbau einer Glückstankstelle in einem Seniorenheim, das hoffentlich viele Nachahmer findet.

Naturerlebnisse

Sicher kennen viele von Ihnen das erhabene Gefühl, das man bei einem Gipfelrundblick erlebt. Doch es müssen nicht immer die hohen Gipfel sein. In der Natur gibt es die vielfältigsten Erlebnisse, die unser Herz weiten. Damit die besonderen Glücksbotenstoffe auch ins Fließen kommen, ist es wichtig, diese speziellen Augenblicke wirklich bewusst wahrzunehmen, denn die Gefühle sind es ja, die die Kuschelhormone aktivieren.

Sie können eine wunderbare Wanderung machen, doch wenn Sie dabei die ganze Zeit an Probleme, die nächsten Termine oder an den Konflikt mit einem Kollegen denken, fließen kaum Glückshormone. Wenn wir uns also in die Natur begeben, sind Achtsamkeit und Erleben im Hier und Jetzt von ganz großer Bedeutung.

Hat Ihnen schon einmal ein ganzer See alleine gehört? Sie schwimmen kraftvoll hinaus, beobachten den Himmel, die Vögel, genießen die Ruhe, den Frieden, den Sommer und das kühle Element Wasser. Ich erinnere mich in diesem Zusammenhang an zwei ganz besonders schöne Erlebnisse. Eine laue Vollmondnacht, ein Weiher in einem Steinbruch, eine wunderschöne Kulisse, und ich schwimme dem goldenen Mondstrahl entgegen. Und eine Geburtstagsfeier im Sommer. Alle sitzen wir um eine Feuerstelle herum, plaudern, lachen, essen, trinken, beobachten den Sternenhimmel und genießen diesen wunderbaren Augenblick die ganz Nacht lang. Am Morgen frühstücken wir auch noch gemeinsam.

Diese Erinnerungen an Gefühlszustände tiefster Glückseligkeit sind für immer in meinem Gedächtnisspeicher festgeschrieben. Ich weiß also ganz genau, was ich tun muss, damit diese Neuronenmuster wieder aktiviert werden.

—— Barfußlaufen auf Naturwegen ——————

Wenn ein Mensch im Freien barfuß auf leitfähiger Erde steht, fließt ein natürlicher Erdstrom, wie Dipl.-Ing. Eberhard W. Eckert aufgrund seiner Forschungen über Elektrizität und Elektrophysiologie herausgefunden hat. Da die menschliche Fußsohle eine besonders hohe Zahl an Schweißdrüsen aufweist, baut sich über Diffusion blitzschnell ein Berührungspotential auf. Beim Gehen über Naturboden fließt Strom, der die körpereigene Elektrizität beeinflusst. Eberhard Eckert bezeichnet Barfußlaufen im Freien als besonders wirksame Impuls-Elektrotherapie, und er meint, die Elektrizität der Erde könne zum Wohle des Menschen genutzt werden.

Inzwischen gibt es kleine und größere Barfußpfade auf Spielplätzen, in Erholungsgegenden, Parks, Hotelgärten, Kurorten und sogar in den Bergen. Einer der ersten befindet sich in Bad Sobernheim. Entscheidend sind wechselnde Untergründe, wie Kies und verschiedene Gesteinsarten, Sand, Lehm, Rindenmulch, Gras usw. Wasser- und Schlammdurchquerungen sollten ebenfalls nicht fehlen. Mit dem Barfußlaufen schärfen wir unsere Sinne und fühlen uns wohltuend getragen von der Mutter Erde.

Baummeditation – Linde

Bäume hatten für die Menschen zu allen Zeiten eine große Bedeutung, und viele Mythen ranken sich um sie. Mein Lieblingsbaum ist die Linde. Während der sogenannten Wärmezeit um 4000 v. Chr. gehörte sie zu den Hauptbaumarten der damaligen Wälder. Sommer- wie Winterlinde lieferten wertvolles Schnittholz und die begehrten Lindenblüten. Seit Menschengedenken steht die Linde auf den Dorfangern, in den Höfen von Klöstern und Burgen und wird als Baum inniger Mütterlichkeit, der Liebe und Harmonie, als Schutz- und Familienbaum und als Schicksalsbaum verehrt. Ortschaften wie Lindau, Lindenfels, Lindeck, Hohenlinden, Linz, Leipzig (früher sorbisch: Lipsk = Linden-Ort) erzählen von der Bedeutung dieses Baumes.

Rund um die Linde spielte sich das Dorfleben ab. Unter ihr wurde fröhlich getanzt, getrunken und gelacht. Seit Urzeiten war dies der Platz für Verliebte, ein Ort der Erholung, Stille und angenehmen Gesellschaft. Ihr betörender Duft im Juni ließ alle Sorgen vergessen. Aus der Rinde gewann man den Bindebast. Daraus stellten die Menschen Bogensehnen, Seile, Säcke, Sattelzeug, Schnüre und sogar Kleider her. Aus dem weichen Holz schnitzten berühmte Meister wie Veit Stoß und Tilman Riemenschneider ihre herrlichen Heiligenstatuen.

Die Linde galt als der heilende Baum an sich, die Lindenblüten sind seit dem Mittelalter bekannt als Arznei. Als Tee getrunken, wirken die Blüten schweißtreibend, schleimlösend, krampfstillend und entzündungshemmend.

— Ein Grippetee, der in keiner Hausapotheke fehlen darf —

Lindenblüten, Mädesüßblüten, Holunderblüten, Goldrutenkraut zu gleichen Teilen (insgesamt 100 Gramm) mischen. Einen Esslöffel der zarten Blüten mit einem Viertelliter fast kochend heißem Wasser übergießen, zehn Minuten ziehen lassen und mit dem Saft einer halben Zitrone und Honig trinken.

Dieser Tee erwärmt den Körper, löst den Schleim, scheidet die Giftstoffe der Bakterien aus, fördert die Nierentätigkeit, stärkt die Abwehrkräfte und wirkt schmerzlindernd.

Bäume wurden von den Menschen früher sehr verehrt und mit vielen Symbolkräften ausgestattet. Da unser Gehirn mit Symbolen und Bildern sehr gut arbeiten kann, ist es leicht, diese auf unser heutiges Leben zu übertragen. Dann können Bäume einen Spiegel darstellen. Jede Baumart spiegelt uns sozusagen ein eigenes universelles Prinzip und Lebensthema.

Das Prinzip der Lindenbäume

»Wir versöhnen dich mit deinem Schicksal und verbinden dich mit deinen Ahnen und deinen Nachkommen. Wir lehren dich, dass die Familie, die Welt, der Kosmos eins sind. Willst du verzeihen und alten Streit begraben, dann komm zu uns.«

Das Lebensthema der Linde ist die Gemeinschaft, das friedliche Zusammenleben, Solidarität und die Erkenntnis, dass wir alle in einem Boot sitzen und einander brauchen. Es ist ein Prinzip, das uns immer wieder begegnet. Wir können es integrieren, wenn wir uns das Thema bewusst machen. Wann fühle ich mich ausgegrenzt? Was empfinde ich dabei? Wo habe ich einen anderen Menschen abgelehnt? In welche Gruppe konnte ich mich schlecht einfügen? Wann fühlte ich mich einsam? Wo ist mein Platz in dieser Welt?

Seien wir uns bewusst, dass wir nie allein sind und sehr viel Unterstützung von anderen bekommen. Versöhnen wir uns mit den eigenen widersprechenden Anteilen und Disharmonien.

Wenn Sie im Juni an einer blühenden Linde vorbeispazieren, so halten Sie doch kurz inne, genießen den berauschenden Duft, nehmen das Summen der Insekten wahr und erfreuen sich an diesem kleinen Genuss.[4]

---

4 Peter Salocher, Dieter Buchser, *Enertree. Heilung durch die Energie der Bäume*, Droemer Knaur, München 2000, S. 97 f.

ELFTE GLÜCKSTANKSTELLE

Spiritualität

»Wer nichts weiß, muss alles glauben.«
MARIE VON EBNER-ESCHENBACH

Tiefe Verbundenheitsgefühle mit dem Partner, mit Kindern, Familienmitgliedern, Freunden, Tieren aktivieren die begehrten Botenstoffe des Vertrauens, wie wir bisher festgestellt haben. Doch wir können auch über bewusste Denkprozesse Emotionen und spirituelle Erhabenheits- und Verbundenheitsgefühle empfinden, die den positiven Kreislauf der Bindungshormone anstoßen.

Es ist also nur logisch, dass tiefe Gefühle des Verbundenseins mit der allerhöchsten Kraft, mit Gott, der Schöpfung oder dem Kosmos auch die Wohlfühlhormone aktivieren.

Religiöse Glaubensinhalte werden in allen Kulturen vor allem in der Kindheit weitergegeben. Kinder lieben und vertrauen ihren Eltern. Sie haben noch nicht die Möglichkeit, Dinge zu hinterfragen. Sie übernehmen widerspruchsfrei den Glauben der Eltern, den diese ihnen durch Überzeugung, durch Rituale, Gebete und Feste seit der frühen Kindheit eingeübt haben.

In diesem Kapitel sollen nun die Gründe für das religiöse Bedürfnis der Menschen beleuchtet und die Vorteile, aber auch die Schattenseiten dieser Glückstankstelle beschrieben werden.

Religionen und Bindungshormone

Der Tod gehört zum Leben, sagt man so leicht dahin. Doch auch wenn wir ihn durch die moderne Medizin und durch bessere Umweltbedingungen hinauszögern können, hat sich mit der Entwicklung unseres Bewusstseins die Lage eigentlich noch verschärft und eine äußerst paradoxe Situation geschaffen: Machen wir uns unsere natürlichen Grenzen und unsere Ohnmacht vor dem absoluten Ende bewusst, landen wir im Dauerstress eines Todesangstkonfliktes. Um aber nicht krank zu werden, dürfen wir nicht permanent Angst haben. Wie aber sollen wir Lebenden nun mit dem Sterben und unserer Vergänglichkeit umgehen? Einerseits hat die Erkenntnis unserer Endlichkeit dafür gesorgt, dass wir tiefsitzende Todesängste entwickeln, die wir andererseits gerade auch durch spirituelle und religiöse Vorstellungen wieder überwinden können. Schließlich soll es uns gelingen, ein sinnerfülltes, zufriedenes und gesundes Leben führen zu können.

Die Aktivierung der Bindungshormone kann durch primäre oder sekundäre Gefühle erfolgen. Es ist dabei völlig unwichtig, ob sie durch Wahrheiten oder Illusionen entstehen. Ist die Glückstankstelle Religion erst einmal aufgebaut, liefert sie ein Leben lang die begehrten Glücksmoleküle. Doch mit jeder Kritik und jedem Zweifel an ihr ist sie in großer Gefahr. Deshalb werden neue Erkenntnisse in den Naturwissenschaften von vielen Gläubigen häufig abgewehrt. Aufgrund wissenschaftlicher Erkenntnisse über die Größe unseres Universums wird es beispielsweise für viele Menschen immer schwieriger, den Glauben an einen persönlichen, am Leben des Einzelnen interessierten Schöpfergott aufrechtzuerhalten. Aus einer scheinbar liebenden Schöpfung ist inzwischen ein äußerst bedrohliches Universum geworden mit Milliarden von Galaxien und Billionen von Sternensystemen. Gefräßige schwarze Löcher, Super- und Hypernovae, Quasare, Pulsare, rote Riesen und weiße Zwerge schleudern ihre tödliche Strahlung ins Weltall.

Christentum
Das Christentum hat seit nun 2000 Jahren eine kontinuierliche Entwicklung erfahren. Die Heilige Familie passt hervorragend zu unserer seelischen Prägung. Die Institution Kirche und die Gläubigen haben über lange Zeiten unbewusst sehr effektiv zusammengearbeitet. Die Kirche gibt die Regeln vor, bildet die Priester aus, hält die Gottesdienste ab und mahnt zur Kirchentreue. Die Gläubigen besuchen die Gottesdienste, gestalten die kirchlichen Feste mit, bemühen sich um die Einhaltung der Glaubensregeln, bekennen sich zur Kirchentreue und erhalten die ersehnten Glücksbotenstoffe.

Die Tatsache, dass Gott seinen Sohn opferte zur Erlösung der Menschen, zeigt den Gläubigen, dass er an ihrem persönlichen Schicksal wirklich interessiert ist. Die Wiederauferstehung Jesu, jedes Jahr an Ostern gefeiert, schürt die Hoffnung auf ein Weiterleben nach dem Tod. Der sonntägliche Gottesdienst führt die Gläubigen regelmäßig zusammen. Die Kommunion bzw. das Abendmahl stärkt immens ihre Verbindung zu Gott, ebenso die eingeübten und bekannten Rituale, Gebete und Gesänge und der gemeinsame Glaube.

Judentum

Im Judentum, einer monotheistischen Religion, gibt es den Glauben an Jesus, als Erlöser der Menschen, nicht. Gott ist Schöpfer des Universums, Offenbarer der Thora und Erlöser Israels. Deshalb sind die Rituale und das Befolgen der vielen Vorschriften der Thora, die bis in den Alltag und das Intimleben hineinreichen, die einzige Möglichkeit, mit Gott in Verbindung zu treten und Seelenheil zu erlangen.

Die Aussagen über ein Weiterleben nach dem Tod sind im Judentum uneinheitlich. Ursprünglich fristeten die Verstorbenen ein tristes Dasein in der Scheol, einer Schattenwelt. Erst in späterer Zeit glaubte man an eine Auferstehung, wobei die Gerechten zum ewigen Leben aufwachen und die anderen zu ewiger Schmach und Schande.

Islam

Der Islam lehrt, dass es nur einen Gott, Allah, gibt, Schöpfer der Welt, Herr der Geschichte und Richter der Menschen nach dem Tod. Er hat seinem Propheten Mohammed im Koran seinen Willen geoffenbart. Der Koran dient als Richtschnur, und seine Regeln, Rituale und Vorschriften sind genau zu interpretieren und einzuhalten, damit die Verbindung zu Allah gelingt.

Durch das gemeinsame Glaubensbekenntnis, das tägliche fünfmalige Gebet in der Moschee, das gemeinsame abendliche Fastenbrechen im Ramadan und die den Gläubigen vorgeschriebene Pilgerfahrt nach Mekka entsteht ein starkes Gemeinschaftsgefühl, das die Glückshormone fließen lässt. Dazu trägt auch die Überzeugung der Gläubigen bei, dass niemand, der nur ein Körnchen vom wahren Glauben in sich hat, für ewig verdammt sein und nach einer dem christlichen Fegefeuer ähnlichen Bestrafung ins Paradies gelangen wird.

Buddhismus
Das Leben ist nach buddhistischer Lehre ein endloser Kreislauf zwischen Geburt und Wiedergeburt. Ein Buddhist sieht seine Lebensaufgabe deshalb darin, durch Meditation und achtsames Handeln ein humaner Mensch zu werden, um so den Kreislauf der Wiedergeburten zu beenden und ins Nirwana, in den Zustand der völligen Ruhe und der Erlösung vom leidhaften Dasein, zu gelangen.

Buddhisten glauben weder an einen Gott noch an eine unsterbliche Seele. Ihrer Lehre zufolge besteht das Leben aus Leiden, das durch Hass, Gier und Verblendung hervorgerufen wird. Durch Befolgung bestimmter Tugenden können diese drei Verursacher des Leids beseitigt werden.

Pilgern auf dem Jakobsweg

2010 pilgerten 270 000 Menschen auf dem Camino de Santiago zum angeblichen Grab des Apostels Jakobus in Santiago de Compostela/Spanien. Die Legenden um dieses Grab gehen bis ins 7. Jahrhundert zurück. Als 1970 der Jakobsweg vom Europarat zum europäischen Kulturweg erklärt wurde, erlebte das Pilgerwandern einen neuen Aufschwung. Seitdem lockt ein komplex ausgebautes Wegenetz Pilger aus der ganzen Welt an.

Die zunehmende Beliebtheit zeigt, in welch hohem Maß Menschen heute spirituell auf der Suche sind, um durch eine so besondere Auszeit neue Eindrücke zu gewinnen und Gefühle zu verstärken.

Beim Pilgern auf dem Jakobsweg beispielsweise werden gleich mehrere Glückstankstellen gleichzeitig aktiviert:

- Durch die lange Geschichte dieses Weges fühlen sich Pilger mit all den Menschen verbunden, die ihn schon beschritten haben. Sie begegnen Wanderern mit einer ähnlichen Gesinnung, wodurch ein Gefühl von Sicherheit und Geborgenheit entsteht.
- Pilgern ist Wandern auf kraftvollen Wegen. Dabei erleben Menschen Entspannung pur. Sie freuen sich auf die täglich neuen Herausforderungen des meditativen Gehens und können völlig abschalten und innere Einkehr halten. Sie pilgern entweder alleine oder bilden Gemeinschaften und tauschen ihre Eindrücke und Visionen aus.
- Die Pilger spüren mit Freude die zunehmende Kraft des Körpers. Sie fühlen sich zutiefst verbunden mit sich, der Natur und Gleichgesinnten.
- Sie nehmen neue Eindrücke aus anderen Kulturen und Ländern auf.
- In den vielen schlichten Herbergen fühlen sie sich umsorgt und geborgen.

Während dieser besonderen Auszeit werden die spirituellen Antennen weit ausgefahren. Menschen haben endlich Ruhe zum Nachdenken, Wahrnehmen und Fühlen. Auf Pilgerreisen beleben moderne Menschen heute viele kleine und große Glückstankstellen und programmieren ihre innere Uhr neu, sodass sich Gelassenheit und Ruhe einstellen können.

Weihnachten – das Fest der Liebe

Weihnachten gehört neben Ostern und Pfingsten zu den drei Hauptfesten eines Kirchenjahres. Wir alle kennen Menschen, die schon lange aus der Kirche ausgetreten sind und dennoch mit großer Begeisterung Weihnachten feiern. Warum ist das so? Menschen erinnern sich gerne an ihre Kinderzeit und an Weihnachten, das Fest der Liebe. Die kindlichen Geborgenheitsgefühle der Weihnachtszeit haben sich tief in den Herzen verankert.

—— **Meine Weihnachtserinnerungen** ——————
Ich sehe meinen Vater, wie er vor dem Ofen sitzt und aufpasst, dass die Plätzchen nicht verbrennen. Alle hatten wir eine Aufgabe. Wie sehr liebte ich die Nachmittage während der Adventszeit! Die Familie traf sich zum Kaffee, und die Mutter stellte einen Teller mit frisch gebackenen, leckeren Plätzchen auf den Tisch. Dann die Vorfreude auf das Weihnachtsfest. Wie habe ich mich angestrengt, meinen Wunschzettel schön zu schreiben!
Am 24. Dezember haben wir Kinder voller Vorfreude auf das Christkind gewartet. Endlich klingelte das Glöckchen. Das Christkind war da, und wir durften ins Wohnzimmer. In der Regel erstrahlte eine kleine Fichte in ihrem hellen Glanz, darunter die selbst gebastelte Krippe meines Bruders, die jedes Jahr aufgestellt wurde. Wir sangen gemeinsam Weihnachtslieder und aßen mit Oma

und Opa, die immer dabei waren, zu Abend. Was für ein gemütliches Weihnachtsfest! Ich freute mich wirklich jedes Jahr darauf und spüre noch heute das ganz besondere Glück, das von ihm ausging.

Ähnliche Erinnerungen haben sich den meisten von uns tief in den Gedächtnisspeicher eingebrannt und warten nur darauf, neu belebt zu werden. Der geschmückte Weihnachtsbaum, die Krippe, das Weihnachtsmenü, die Geschenke, die weihnachtliche Musik und vieles mehr führen zur ersehnten Stimmung. Wenn dann in der Christmette das wunderschöne Weihnachtslied »Stille Nacht, heilige Nacht« angestimmt wird, ja, dann fließen die Botenstoffe der Liebe wirklich in Strömen. Darauf können und wollen die meisten Menschen nicht verzichten.

Der Heilige Abend ist ein stimmiges Familienfest. Es ist so, als würde unser Unterbewusstes schon sehnsüchtig auf die sicheren Wohlfühlhormone und ihre wohlige Wirkung warten. Deshalb ist die Enttäuschung groß, wenn das Fest der Liebe nicht gelingen will. Gerade an Weihnachten können einsame Menschen in tiefe Depressionen fallen, wenn eine vermeintlich sichere Glückstankstelle für sie ausfällt.

Eine humane Lebensphilosophie ohne Gott?

Der Mensch ist ein spirituelles Wesen, weil er durch bewusste Denkprozesse Emotionen, Gefühle, metaphysische und religiöse Erfahrungen erzeugen kann.

Jede reale Glückstankstelle liefert jedoch auch die wunderbaren Wohlfühlhormone. Wie wir wissen, machen sie empfindsam, empathisch, liebevoll und gelassen. Wenn wir uns um das Diesseits kümmern und auf die Flucht in ein wie auch immer geartetes Jenseits bewusst verzichten, stehen wir natürlich wieder vor dem Problem der Todesangst, Endlichkeit, Vergänglichkeit und dem Nichts. Hier helfen uns jedoch moderne philosophische Ansätze wesentlich besser als die Vorstellungsbilder vergangener Zeiten. Denn im Christentum ziehen Todsünden noch immer den Verlust der göttlichen Gnade nach sich. Sie zerbrechen den ewigen Bund mit Gott, und deshalb verdienen Gläubige die ewige Strafe der Hölle.

Nun wird klar, dass es die Bindungshormone der Glückstankstelle Religion nicht umsonst gibt. Die Gläubigen fühlen sich durch die angstlösende Kraft der Bindungshormone, aber auch durch die angsteinflößenden Aussagen über die Folgen ihrer Sünden oft ein Leben lang an ihre Religion gebunden.

Im Islam wiederum müssen nur Ungläubige und Gottlose ewige Höllenqualen erleiden. Dies und die Tatsache, dass in vielen islamischen Staaten der Abfall vom Islam mit dem Tode bestraft wird, zwingt auch die Muslime zu lebenslänglicher Treue zu ihrem Glauben.

Viele Menschen hoffen auf eine jenseitige Welt mit dem Argument, dass doch Energie nicht einfach verschwindet, also auch nach dem Tod erhalten bleibt. Das mag stimmen, doch ist zu bedenken, dass jedes irdische Lebewesen den Prinzipien der Evolution unterliegt. Dabei gelten die physikalischen Gesetze des Werdens, der Entwicklung und des Vergehens. Mit

Zeugung, Geburt und weiterer Entwicklung entsteht eine komplexe Ordnung, die sich mit dem Tod nach den Gesetzen der Entropie wieder in einen Zustand der Unordnung auflöst.

Der Mensch kann sich deshalb nur in der Zeit zwischen Geburt und Tod individuell entfalten und sein Dasein gestalten. Mit der Pflege und dem Aufbau liebevoller Beziehungen im Diesseits ist er vollauf beschäftigt und gleichzeitig eingebunden in ein humanes, menschliches Miteinander.

Nutzen wir doch unser Gehirn dazu, *die Fähigkeit des bewussten, positiven Fühlens immer mehr auszubilden*. Wir können nur erahnen, was für eine Erleichterung es für unsere gemarterten Gehirne wirklich bedeutet, nicht ständig neue Glaubenswelten erfinden zu müssen, um sie dann in ein scheinbar logisches Konstrukt zu pferchen. Erweitern wir unsere Erkenntnisse, und bleiben wir offen für Forschung und Wissenschaft auf allen Ebenen!

Erwachsene Menschen sollten sich frei und autonom fühlen. Ein gutes Selbstwertgefühl erlaubt ihnen weitere Emanzipation, verbunden mit Verantwortungs- und Mitgefühl. Die Glückstankstelle Religion völlig loszulassen gelingt vielen Menschen aufgrund ihrer intensiven Prägung während der Kindheit nicht immer vollständig. Wenn die ihnen übermittelten Gottesvorstellungen nicht mehr tragen, öffnen sich viele auch für andere Religionen und esoterische Weltbilder. In unserer heutigen multikulturellen Gesellschaft haben deshalb viele Menschen eigene Glaubensvorstellungen entwickelt bis hin zu atheistischen Bewusstwerdungs- und Transformationsprozessen.

Doch wie schon anfangs erwähnt, haben wir Menschen ein Recht auf jede unserer Glückstankstellen, denn ohne sie und ihre ausgleichenden Botenstoffe ist das Leben fast nicht zu meistern. So gesehen, bieten religiöse Glaubensvorstellungen sehr wohl einen evolutionären Überlebensvorteil.

===== **EIN LEBEN OHNE GLÜCKSTANKSTELLEN –** =====

z. B. Isolationshaft

»Du bist nicht glücklich, wenn du einsam bist.«
LUDWIG BÖRNE

Tausende von Menschen fristen weltweit ihr Leben in Isolationshaft; allein rund 20000 davon in den USA. Auch in Deutschland ist die Isolationshaft nicht eindeutig gesetzlich geregelt, sodass sogar hierzulande Gefangene unter Umständen damit rechnen müssen – und dies, obwohl sie weltweit von allen Menschenrechtsbewegungen geächtet wird. Schon 1842 protestierte der Schriftsteller Charles Dickens gegen diese Form der Haft und bezeichnete sie als »weiße Folter«, da sie äußerlich keine sichtbaren Spuren hinterlässt. Auch Gefangene benötigen Kontakt zu anderen Menschen, um in psychischer Gesundheit zu überleben. In der Isolationshaft schneidet man sie von allen Glückstankstellen ab, was zutiefst menschenunwürdig und grausam ist. Sie können keine Bindungshormone aufbauen und sind deshalb schwersten Depressionen und Ängsten ausgesetzt – ebenso wie Opfer von Entführungen, denen diese Tortur ebenfalls widerfahren kann.

Wir sollten außerdem achtsam und sensibel sein, wenn es um die Unterbringung von Kranken, Alten, straffällig gewordenen Jugendlichen, Kindern oder geistig Behinderten in Heimen geht. In derartigen Einrichtungen wurden vor noch nicht allzu langer Zeit Menschen misshandelt, weggesperrt, angebunden usw. Wir benötigen in allen Lebenslagen Kontakt und Bindung zu unseren Mitmenschen.

An zwei sehr berührenden Beispielen möchte ich darstellen, was das Abgeschnittensein von der Welt bedeutet.

Natascha Kampusch

Die junge Frau schildert in ihrem Buch *3096 Tage* auf sehr sensible Weise ihre über acht Jahre andauernde Isolationshaft. Als zehnjähriges Mädchen wird Natascha Kampusch von dem unauffälligen, 34-jährigen Wolfgang Priklopil entführt und in ein kleines unterirdisches Verlies gesperrt. Natascha wird von einer Minute zur anderen aus ihrem Leben gerissen und von allen wichtigen Glückstankstellen abgeschnitten: Mutter, Oma, Vater, Freundinnen, Schule – wie vom Erdboden verschluckt. Finsternis, Hunger, Erniedrigung, Qual und Depressionen, aber auch Kampfgeist und Durchhaltevermögen begleiteten das Mädchen jahrelang. Warum konnte sie nicht früher flüchten, fragen sich viele.

Der Täter drohte dem Mädchen immer wieder, neben ihr alle zufällig Anwesenden und auch sich selbst zu töten, falls sie fliehen würde. Der Selbstmord des Täters noch am selben Tag von Natascha Kampuschs Flucht zeigt, wie richtig sie diese ständige Bedrohung eingeschätzt hatte und wie berechtigt ihre Angst war. Deshalb ließ sie auch aus ihrem großen Verantwortungsgefühl heraus einige Fluchtmöglichkeiten verstreichen, um Anwesende nicht zu gefährden.

Es ist sehr ergreifend zu lesen, wie Priklopil Natascha nach Jahren der Gefangenschaft erstmals erlaubte, nachts für zehn Minuten die kleine Glückstankstelle Garten zu betreten, und sie ihren Peiniger darum bat, ein wenig Grün mit in ihr Verlies nehmen zu dürfen.

Der Geruch von Franzbranntwein versetzte Natascha für kurze Zeit in die frühere Welt der Geborgenheit mit ihrer Großmutter zurück. Und sie schaffte es, über bewusste Denkprozesse mit der imaginären erwachsenen 18-jährigen Natascha einen Plan zu entwickeln: Die große Natascha sollte der kleinen helfen, wenn sich einmal eine Möglichkeit dazu ergab.

Wie hat sie diese schreckliche Isolationshaft überlebt? Sie hat die einzige Glückstankstelle genutzt, die vorhanden war, nämlich die Beziehung zu ihrem Peiniger. Obwohl er ihr die Freiheit und Kindheit raubte, sie in ein muffiges Verlies sperrte und sie quälte, war er doch gleichzeitig auch ihr Versorger, Vaterersatz und Lehrer. Sie schaffte es, eine Bindung zu ihm aufzubauen. Dadurch gelang es ihr, ihn zu verstehen. Ohne Bindung zum Täter hätte sie diese Isolation nicht überstehen können. Nur so konnte sie sicher sein, dass der Mann sich um sie kümmert und nach ihr sieht.

In einer Fernsehdokumentation 2010 verriet sie ihr Geheimnis. Sie sprach darüber, wie es ihr gelang, trotz ihrer extrem leidvollen Situation Mitgefühl für ihren Peiniger zu entwickeln. Die Verletzungen aus der Kindheit hätten ihn wohl fehlgeleitet. Deshalb sei die Lösung seines Problems eben gewesen, ein Kind zu entführen, um jemanden ganz für sich zu haben.

Mit dieser Einstellung sei es ihr möglich gewesen,

ihm in einer Sekunde schon alles zu verzeihen, erklärte sie. Dadurch hielten sich ihrer Meinung nach Hass und negative Gefühle in Grenzen, und dies sei wichtig gewesen, um nicht zugrunde zu gehen.

Wenn es Natascha Kampusch unter diesen erschwerten Bedingungen gelungen ist, hinter ihrem Peiniger einen verletzlichen Menschen zu sehen, dann sollte es doch auch uns nicht schwerfallen, unseren Mitmenschen Verständnis entgegenzubringen.

Auch wenn die junge Frau selbstverständlich froh und erleichtert darüber war, dass Wolfgang Priklopil ihr nichts mehr anhaben konnte, nahm sie an seiner Beerdigung teil. Sie zeigte damit nicht nur Größe, sondern machte uns allen klar, dass sie trotz der furchtbaren Zeit nicht von Hass zerfressen ist. Sie konnte sich aus eigener Kraft befreien, und wir sollten uns alle darüber freuen.

Natascha Kampusch verdient große Achtung und Respekt, und mit ihrer wunderbaren Fähigkeit des Mitfühlens wird es ihr ganz sicher gelingen, viele erfüllende Glückstankstellen aufzubauen, die ihr Leben befruchten und bereichern werden.

Ai Weiwei

Als die Medien am 3. April 2011 von der Verhaftung Ai Weiweis berichteten, machten sich viele Bewunderer des Künstlers große Sorgen um ihn. Und das mit gutem Recht, denn niemand wusste, wo er gefangen gehalten wurde. Nach 81 Tagen schrecklicher Isolationshaft erfuhren lediglich die engsten Vertrauten seine

Leidensgeschichte, da er noch immer unter strengem Hausarrest steht. Seine Zelle war sechs Quadratmeter groß mit nur einer Pritsche darin. 81 Tage ohne Tisch und Fenster, 24 Stunden künstliches Licht, keine Bücher, kein Stift, kein Papier – einfach nichts außer verunsichernden Verhören von ständig wechselnden Polizisten.

Drohungen, Einschüchterungsversuche und Erniedrigungen bestimmten sein Leben. Selbst beim Toilettengang wurde er beobachtet. Stunde um Stunde ging er in seiner Zelle auf und ab und legte in dieser furchtbaren Zeit unzählige Kilometer zurück. Er verzweifelte immer mehr, verlor an Gewicht, und auch das Denken fiel ihm immer schwerer. Um sich am Hinterkopf zu kratzen, musste er darum bitten, die Hände heben zu dürfen. Jede Sekunde an diesem Ort sei ein unüberbietbarer Schmerz gewesen.

Inzwischen darf er spazieren gehen, seine Mutter und seinen Sohn besuchen, aber auf keinen Fall mit den Medien sprechen. Bis heute hat Ai Weiwei sich von der Isolationshaft nicht erholt, noch immer plagen ihn Kopfschmerzen und ein Gefühl der Benommenheit.

Schlussgedanken

»Glück ist kein Geschenk, sondern die Frucht
innerer Einstellung.«

Erich Fromm

Eine langjährige Studie über Glücksforschung, die an der Harvard and Stanford University unter der Leitung von George Eman Vallant durchgeführt wurde, kam zu dem Ergebnis, dass herzliche, innige Beziehungen und ein gutes Verhältnis zu Eltern und Geschwistern ausschlaggebend sind für ein zufriedenes, glückliches Leben. Die Auswertung der Daten von 814 Männern und Frauen ergab, dass die Menschen in ihrer Jugend und im Alter am glücklichsten sind. Wenn wir in den prägenden Phasen der Kindheit und Jugend Geborgenheit, Verständnis und Liebe erleben, entwickelt sich sozusagen ein festgeschriebener, kaum mehr veränderlicher Glückspunkt. Zu ihm kehren wir, unabhängig von äußeren Lebensumständen, stets wieder zurück. Mit zunehmendem Alter bauen wir immer mehr bereichernde Glückstankstellen auf. Sie tragen enorm zum Gelingen eines zufriedenen Lebens bei.

Wir haben kein Anspruchsrecht auf permanentes Glück. Doch wir haben die Möglichkeit – mit dem Wissen um die weitreichenden Wirkungen der Bindungshormone –, jederzeit auf unser Stresszentrum positiv Einfluss nehmen zu können. Dadurch werden wir natürlich stärker sensibilisiert und spüren deutlicher den Widerspruch zwischen unseren Wünschen und der Realität. Im Zulassen und Zeigen aller Gefühle, auch der Traurigkeit, der Enttäuschung usw., sieht der Bindungsforscher Gordon Neufeld die große Chance für das Reifen, die persönliche Entwicklung und das Erwachsenwerden.

Wissen ist dabei sehr wichtig, denn es beeinflusst unser Denken, Handeln und Fühlen. Es ist nicht mehr – wie früher – nur für Experten verfügbar, sondern heute allen Interessierten zugänglich. Jeder kann sich darüber informieren, dass zum Beispiel vor Urzeiten eine Kollision zwischen Erde und dem Planten Thea zur Entstehung des Mondes geführt hat. Diese Katastrophe war die Voraussetzung für die Weiterentwicklung des Lebens auf der Erde, weil sich ab diesem Zeitpunkt die Erdrotation verlangsamte und der Mond die Erdachse stabilisierte. Als vor 65 Millionen Jahren durch den Einschlag eines großen Asteroiden die Dinosaurier ausstarben, war dies gleichzeitig der Startschuss für die Entwicklung der Säugetiere. Die Evolution geht weiter, und gerade weil die Endlichkeit unseres Erdenlebens sicher ist, sollten wir uns voll Freude mit dem Geschenk des Lebens im Diesseits befassen.

Sind wir für uns und unsere Mitmenschen Glückstankstellen? Haben wir etwas zu geben, oder versuchen wir lediglich, unsere Defizite auszugleichen? Benötigen wir Drogen und andere giftige Genussmittel, um das Leben überhaupt auszuhalten? Lieben wir uns und unterstützen deshalb unseren Körper durch eine gesunde Lebensweise? Verstehen wir, warum Geld allein niemals glücklich macht? Fähigkeiten und Talente lassen sich nicht kaufen, sie müssen ausgebildet und entwickelt werden. Sind wir uns der großen Gabe des menschlichen Daseins überhaupt bewusst?

Nur wir sind in der Lage, beliebige Kulturreize über bewusste Denkprozesse mit positiven Gefühlen und Emotionen zu verbinden, die wiederum die Botenstoffe des Vertrauens und der Liebe aktivieren. Deshalb sollten wir versuchen, den genussvollen Momenten in unserem Leben bewusst Raum zu geben. Die Kunst besteht darin, wie ein Dirigent die Gefühle zu lenken und mit ihnen zu spielen. Da Vernunft und Gefühl untrennbar zusammengehören, können wir über diese Prozesse unser plastisches Gehirn bis ins hohe Alter trainieren.

Wenn wir uns die menschliche Entwicklung als großes Gesamtkunstwerk mit vielen einzelnen Puzzleteilen vorstellen, dann könnte sich das Wissen um die Kraft und Wirkung der Bindungshormone als ein wichtiges Teil davon herausstellen.

Mit meinen Ausführungen zeige ich auf, wie und warum die Bindungshormone zu einem wesentlich gelasseneren und glücklicheren Leben beitragen.

Doch eigentlich beginnt das Glück unserer menschlichen Existenz bereits im Mutterleib bzw. bei der Geburt, wie der Evolutionsbiologe, Richard Dawkins, so treffend schreibt:

»Wir alle müssen sterben, das heißt, wir haben Glück gehabt. Die meisten Menschen sterben nie, weil sie nie geboren werden. Die Männer und Frauen, die es rein theoretisch an meiner statt geben könnte und die in Wirklichkeit nie das Licht der Welt erblicken werden, sind zahlreicher als die Sandkörner in der Sahara. Das wissen wir, weil die Menge an Menschen, die aus unserer DNA entstehen könnten, bei weitem größer ist als die Menge der tatsächlichen Menschen. Und entgegen dieser gewaltigen Wahrscheinlichkeit gibt es gerade Sie und mich in all unserer Gewöhnlichkeit. Wir wenigen Privilegierten haben in der Geburtslotterie gegen alle Wahrscheinlichkeit gewonnen.«[5]

---

5 Richard Dawkins, *Der entzauberte Regenbogen*, Hamburg 2008, S. 17

Anhang

Entwicklungsgeschichte der Säugetiere

Um zu verstehen, warum hirneigene Bindungshormone in der Evolution immer wichtiger wurden, müssen wir uns die Entwicklungsgeschichte der Säugetiere näher betrachten.

Die Erde vor 250 Millionen Jahren

In der Zeit des Perms wimmelte es auf dem Superkontinent Pangäa nur so von Lebewesen. Doch unvorstellbar gewaltige Basalteruptionen im heutigen Sibirien schleuderten über einen Zeitraum von rund hunderttausend Jahren Millionen Kubikmeter Lava in die Atmosphäre. Feuerstürme, Staub und Asche führten zu einem unendlich langen globalen vulkanischen Winter, der dann von Hitze und Treibhausgasen abgelöst wurde. Diese Katastrophe hatte so schreckliche Auswirkungen, dass beinahe 90 Prozent aller Lebewesen dabei umkamen. Die Erde erholte sich nur sehr langsam von dem schrecklichen Inferno, in dem alle biologischen Ökosysteme für Millionen Jahre zusammenbrachen. Nach dem größten Massensterben der Erdgeschichte begann die Evolution der Lebewesen fast nochmals von vorne. Bei dem erbitterten Kampf ums Überleben waren Glück und Körperbau zwei wesentliche Aspekte. Nur eine Handvoll Tierarten – wie zum Beispiel der Lystrosaurus, die Gorgonopsiden und das Thrinaxodon hatte dieses Glück und die geeigneten Voraussetzungen.

Das Thrinaxodon besaß bereits einen kleineren Körperbau und lebte im sozialen Verband in unterirdischen Bauten wie unsere heutigen Erdmännchen. Ein weiterer Vorteil bestand darin, dass es gleichzeitig atmen und kauen konnte, da es ein sekundäres Munddach besaß. Unser heutiges Glück, als Menschen auf dieser Erde zu leben, haben wir seinem starken Überlebenstrieb zu verdanken, denn man nimmt an, dass es der Ur-Urahn aller Säugetierarten ist.

Die Erde vor 200 Millionen Jahren
In der Trias brach der Urkontinent Pangäa auseinander. An den Nahtstellen zerstörten kilometerlange Magmaflüsse das Ökosystem. Es bildeten sich die heutigen Kontinente. Die Erde wurde zum roten Planeten. Tod und Verwüstung lieferten Bilder des Grauens. Hitze, Überschwemmungen, giftige Dämpfe aus Schwefel und Kohlendioxid zerstörten erneut jegliches Leben. 70 Prozent aller Lebewesen erstickten oder verhungerten. Die Dinosaurier und kleine Nager wie das Megazostrodon schafften es dennoch, in dieser tödlichen Umgebung zu überleben.

Das Megazostrodon gilt als weiterer Urahn der Säugetierarten.

Die Erde vor 65 Millionen Jahren
Aufgrund des feuchtwarmen tropischen Klimas überzog ein riesiges Pflanzenreich die Kontinente. Dinosaurier und gigantische Reptilien fanden ideale Lebensbedingungen vor. Doch eine weitere Katastrophe

unvorstellbaren Ausmaßes bahnte sich an. Ein Asteroid, so groß wie der Mount Everest, kreuzte die Umlaufbahn der Erde und schlug in der Gegend von Mexiko/Yukatan ein. Bei dieser Explosion wurden Millionen Megatonnen Staub und Asche in die Atmosphäre geschleudert. Brennende Meteoritenbruchstücke regneten herab und brachten die Flüsse zum Kochen. Der Einschlag ließ die Kohle kristallisieren – so entstanden Diamanten. Feuer- und Rauchwalzen, verheerende Stürme, giftige Dämpfe, saurer Regen und monatelange Finsternis überzogen die Erde.

Die Fläche der heutigen USA wurde völlig zerstört. Die indirekten Folgen des Einschlags führten zu solch drastischen Klimaveränderungen, dass bereits ein Jahr nach dieser Katastrophe die größten Giganten der Erde, die Dinosaurier, ausgestorben waren. 165 Millionen Jahre lang hatten sie alle Kontinente zu Land, zu Wasser und in der Luft beherrscht. Nun war die alte Welt buchstäblich ausgelöscht.

Einen Überlebensvorteil hatten Tiere, die sich, wie beispielsweise die Schildkröten, im Sand eingraben und abwarten konnten. Diese bewährte Strategie wurde bis heute beibehalten. Haie überlebten die Katastrophe, weil sie sich mit ihren Jungen in den tieferen, sauberen Meeresschichten aufhielten und dadurch das giftige Wasser in den oberen Meeresschichten meiden konnten.

Doch auch kleine wieselähnliche, nachtaktive Jäger mit Namen Purgatorius überlebten das Desaster. Diese Tiere hielten sich tagsüber in Höhlen auf, die sie vor ihren Fressfeinden, den Dinosauriern, verbargen. Nun fanden sie dort Schutz vor der versengenden Hitze und den giftigen Dämpfen. Sie ernährten sich von Insekten und Aas und saßen auf diese Weise die monatelange Finsternis einfach aus. Ihr Fell verhalf ihnen zu einer konstanten Körpertemperatur. Obwohl die Luft so sauerstoffarm war wie auf dem Mount Everest, unterstützte ein bereits vorhandenes Zwerchfell, das den Brustraum vom Bauchraum trennte, ihre Atmung. Dies verstärkte die Lungenkapazität und die bessere Auswertung der damals sauerstoffarmen Atemluft. Gebärmutter und Plazenta boten dem werdenden Leben mehr Schutz und Sicherheit. Sie gebaren lebende Junge, die sie mit Milch versorgen konnten, da sich aus ihren Schweißdrüsen Brustdrüsen entwickelt hatten. Die Brutpflege wurde verstärkt durch Bindungshormone gesteuert.

Die kleinen Säugetiere konnten sich erfolgreich dem neuen Ökosystem anpassen und profitierten letztlich von der Katastrophe, da es keine Konkurrenten und Feinde mehr gab. Nach dem Aussterben der Dinosaurier legten sie auch den Grundstein für die Entwicklung einer neuen Spezies. Nach heutigem Wissensstand zählen auch sie neben den vielen Säugetierarten zu den Vorfahren der Menschen.

Anatomie des Gehirns

Die Hirnforschung hat gezeigt, dass durch den Verlust von Gefühlen das Denkvermögen ebenso beeinträchtigt werden kann wie durch exzessive Emotionen. Erleben, Verhalten und Handeln sind also von den Gehirnfunktionen abhängig.

Unser Gehirn besteht aus drei verschiedenen Teilen, die auf unsere evolutionäre Vergangenheit hinweisen. Wir sind demnach Erben dreier gänzlich verschiedener Gehirnstrukturen. Der kanadische Hirnforscher Paul MacLean hat deshalb das Modell des »Dreieinigen Gehirns« entworfen:

1. Reptiliengehirn (Hirnstamm)

Der älteste Teil des Gehirns repräsentiert genetisch determinierte Verhaltensweisen, die der Arterhaltung und dem Überleben des Individuums dienen. Es fungiert als Kontrollzentrum unbewusster, roboterähnlicher Programme.

2. Altsäugergehirn (limbisches System)

Es umschließt den Hirnstamm wie ein Saum (Limbus) und verbindet Informationen aus der Umwelt mit Informationen aus dem Körperinnern. Durch die Integration von Innenwelt und Außenwelt entstehen Gefühle und Emotionen.

Dies stellt einen großen Schritt in der biologischen Evolution dar, da dadurch den Lebewesen eine bessere Vermittlung der Wahrnehmung über ihre inneren Zustände und auch der äußeren Umweltreize zuteil wurde.

Sie konnten damit stereotype Verhaltensweisen plastischer gestalten und sich somit effizienter auf neue Situationen einstellen, deren Bedeutsamkeit besser bewerten und aus ihnen lernen.

3. Neusäugergehirn (Großhirn)

Das Großhirn ist der jüngste Teil unseres Gehirns. MacLean nennt es das »zerebrale Gütesiegel« höherer Säugetiere. Es arbeitet weitgehend unbehindert von den Signalen aus der Innenwelt. Mit ihm haben wir die Fähigkeit, zu lernen, zu schreiben, zu differenzieren, zu abstrahieren, die Zukunft zu planen, Handlungsstrategien zu entwickeln und genetisch erworbene oder erlernte Verhaltensweisen zu modifizieren.

Unser Gehirn ist sozusagen wie ein altes Bauwerk, das im Laufe von Millionen Jahren ständig um neue Räume erweitert worden ist, ohne dass die bereits vorhandenen abgerissen wurden.
Die unterschiedlich alten Räume sind wie biologische Computer miteinander verschaltet und funktionieren je nach eigener Subjektivität und Intelligenz.

- **Weibliches Gehirn**
Bis zur achten Schwangerschaftswoche sind alle Gehirne weiblich. Da bei Mädchen keine Hoden angelegt sind, kann das Gehirn ohne Testosteron unbehelligt reifen. Das Hormon Östrogen steuert das weibliche Verhalten.
- **Männliches Gehirn**
Ab der achten Schwangerschaftswoche beginnt in den Hoden die Testosteronproduktion. Das Gehirn des männlichen Fötus wird buchstäblich überschwemmt mit Testosteron und dadurch entfeminisiert. Noch bis zum ersten Lebensjahr stellen die Hoden genauso viel Testosteron her wie bei einem Erwachsenen. In der Pubertät steigt in der Amygdala, dem Mandelkern, der Testosteronwert um das Zwanzigfache an und steuert das männliche Verhalten, das Sexualverlangen und die Penisfunktion.

Das limbische System

Hypothalamus, Hypophyse, Teile des Thalamus, Hippocampus und Amygdala bilden das limbische System. Es liegt zwischen Hirnstamm und Hirnrinde und sorgt dafür, dass das »alte System« (Hirnstamm) und das »neue System« (Großhirn) miteinander kommunizieren können. Diese Strukturen entstanden in der Phase der Entwicklung der Säugetiere. Die physiologische Funktion des limbischen Systems besteht darin, die Ausschüttung von Hormonen und chemischen Nervenbotenstoffen zu regeln und damit die Impulse, die bei den Lebewesen Emotionen, wie Sorge um den Nachwuchs, Angst, Furcht, Liebe, Lust usw., hervorrufen, zu regulieren. Diese Empfindungen sind typisch für Säugetiere, die ja im sozialen Verbund leben.

Das limbische System steht also in Relation zu emotionalen Schwingungen, Tönen, Gerüchen und Dingen, die mit Gefühlen, sozialen Erfahrungen und Überlebensreaktionen zu tun haben. So ist auch die Kreativität, die es nur beim Menschen gibt, hier angesiedelt. Darüber hinaus fungiert das limbische System als Durchlaufstation für zwei wichtige Nervenstränge.

Strang 1: Sinnesorgane – Thalamus – Großhirn
Von den Sinnesorganen des Körpers gehen die Nervenreize über den Thalamus zu den verschiedenen Regionen des Großhirns und hier besonders zum Frontalhirn. Dieser Nervenstrang ist eine wichtige Schaltzentrale im Verbund der drei großen Teile des Gehirns: Stammhirn – limbisches System – Großhirn, und ihrer zentralen Kontrolle.

Strang 2: Körper – Hypothalamus – limbisches System
Der andere Nervenstrang läuft vom und zum Körper über den Hypothalamus und bindet das limbische System in das Geflecht der neuronal fundierten Entscheidungsprozesse ein. Das limbische System reagiert auf sinnliche Wahrnehmungen der Umwelt ebenso wie auf Bedürfnisse des Organismus, die *von innen* kommen.

Der Hypothalamus nimmt Einfluss darauf, welche der vielen immer gleichzeitig registrierten Sinneseindrücke unterdrückt und welche beachtet und weiterverarbeitet werden.

Der Hippocampus
Er ist unser Gedächtnisspeicher und ergänzt die Leistungen des Thalamus und Hypothalamus. Der Hippocampus steuert das Erinnerungsvermögen, indem er unsere Gedächtnisinhalte koordiniert und dafür sorgt, dass wir uns daran erinnern können, bestimmte Erfahrungen schon einmal gemacht zu haben.

Die Amygdala – der Mandelkern
Diese Region ist für unser emotionales Erleben zuständig. Die paarig angelegten Kerne gehören zum limbischen System und bestehen aus 13 Einzelkernen. Neuester Gehirnforschung zufolge handelt es sich hier um die entscheidenden Strukturen, die für Emotionen wie Furcht und Angst zuständig sind. Der Mandelkern spielt eine wichtige Rolle bei der emotionalen Bewertung und Wiedererkennung von Situationen sowie der Analyse möglicher Gefahren. Er verarbeitet externe Impulse und leitet die vegetativen Reaktionen ein.

Eine Zerstörung beider Kerne führt zum Verlust von Furcht- und Aggressionsempfinden und so zum Zusammenbruch der mitunter lebenswichtigen Warn- und Abwehrreaktionen.

Die Amygdala ist der entscheidende Wächter bei der Kontrolle der Emotionen und hat großen Einfluss auf das emotionale Gedächtnis. Übrigens ist der Geruchssinn der einzige Sinn, der seine Reize über den Nerv Bulbus olfaktorius direkt ohne thalamische Umschaltung zur medialen Amygdala abgibt. Als ältester Sinn können Geruchsreize also direkt auf unsere Gefühle einwirken.

Gefühle und Gedanken werden von unterschiedlichen Hirnsystemen erzeugt.

Bei allen Säugern und besonders beim Menschen sind die Bahnen vom Mandelkern zum Großhirn viel stärker ausgeprägt als die Bahnen vom Großhirn zum Mandelkern. Der Mandelkern hat also einen weit größeren Einfluss auf das Großhirn als das Großhirn auf ihn. Das bedeutet, dass emotionale Erregungen den Mandelkern so stark aktivieren können, dass dieser sogar mit seinen Strukturen zum Frontalhirn unser Denken beeinflusst, ja dominiert und kontrolliert.

Deshalb lassen sich Empfindungen wie Angst und Panik willentlich nicht so leicht verändern. Der Mandelkern regt außerdem über seine vielen efferenten Bahnen (Strukturen vom Mandelkern zu den Nebennieren) die Aktivierung des sympathischen Systems an. Eine verstärkte Ausschüttung von Stresshormonen beeinflusst dann unseren Körper und bereitet ihn für Flucht oder Kampf vor. Während dies früher ein wichtiger Schutz vor Gefahren und Feinden war, führen

Stresshormone heute zu Krankheiten, wenn sie nicht durch Sport und Bewegung wieder abgebaut werden.

Primäre Gefühle
Sie werden durch unspezifische äußere Reize direkt von der Amygdala ausgelöst und führen je nach Disposition zu Emotionen wie Wut, Furcht, Angst, Zorn, Lust, Trauer usw. mit dem dazugehörigen Körperzustand.

Sekundäre Gefühle
Sie werden durch Denkprozesse ausgelöst, wobei Vorstellungsbilder entstehen. Diese Vorstellungsbilder sind mit früher erworbenen emotionalen Erfahrungen verknüpft, die im Hippocampus gespeichert sind. Dadurch werden über die Amygdala Emotionen und unbewusste Körperreaktionen erzeugt. Durch Rückmeldungen des autonomen Nervensystems über den veränderten Körperzustand werden diese Gefühle bewusst gemacht. Aufgrund der Verschaltung des Mandelkerns mit dem Großhirn haben wir Menschen gelernt, unsere Gefühle teilweise zu kontrollieren. Daraus zu schließen, wir hätten unsere Emotionen und Instinkte im Griff, wäre jedoch falsch.

Vielleicht fragen Sie sich an dieser Stelle, wozu so viel Detailwissen über Gehirnforschung überhaupt nötig ist. Mein Anliegen ist es, herauszustellen, welch enormen Einfluss der Mandelkern auf unsere Empfindungen und damit auch auf unseren Körper, auf unsere Wahrnehmung und unser Denken hat. Manche Gehirnforscher sind der Ansicht, dass es erst dann, wenn die Strukturen des Frontalhirns zum Mandelkern gleich stark ausgeprägt wären wie die vom Mandelkern zum Großhirn, Hoffnung gäbe auf ein harmonischeres Miteinander, denn das Denken würde dann nicht mehr so sehr von unseren Gefühlen dominiert. Dazu werden aber noch viele Tausende Jahre Evolution nötig sein.

Oxytocin – das Hormon des zwischenmenschlichen Vertrauens
Oxytocin ist ein hirneigenes, evolutionär sehr altes Hormon, ein zyklisches Peptid, das im Gehirn von allen Säugetieren und damit auch bei uns Menschen produziert wird. In der Frauenheilkunde ist es schon lange bekannt. Es bewirkt eine Kontraktion der Gebärmuttermuskulatur und löst Wehen aus. Zudem stimuliert es den Milchfluss.

Doch neueste Forschungen ergaben, dass das Hormon nicht nur Körperprozesse steuert, sondern ganz wesentlich die Regulation des Sozialverhaltens mitbestimmt und auch die menschliche Psyche beeinflusst. Oxytocin dämpft die Region des Mandelkerns und reduziert außerdem die Ausschüttung der Stresshormone.

Literaturverzeichnis

Richard Béliveau, Denis Gingras, *Krebszellen mögen keine Himbeeren*, Kösel, München 2007

Ruediger Dahlke, *Krankheit als Sprache der Seele*, Goldmann, München 1999

Richard Dawkins, *Der Gotteswahn*, Ullstein, Berlin 2008

Richard Dawkins, *Der entzauberte Regenbogen*, Rowohlt, Hamburg 2008

John F. Demartini, *Genieße, was dir ist beschieden*, Aurum, Bielefeld 2004

Hoimar von Ditfurth, *Der Geist fiel nicht vom Himmel*, Deutscher Taschenbuch Verlag, München 1993

Eberhard W. Eckert, *Skalar-Wellen und Elektromedizin*, Grimm Verlag, München 2011

Wolf Funfack, *Metabolic Balance – Das Stoffwechselprogramm*, Südwest, München 2010

Hans Goller, »Hirnforschung und Menschenbild«. In: *Stimmen der Zeit, 218. Bd.*, Heft 9, Freiburg 2000

Marion Grillparzer, Susanne Wendel, *Der Feelgood Faktor*, Südwest, München 2011

Ryke Geerd Hamer, *Vermächtnis einer Neuen Medizin*, Amici di Dirk Verlagsgesellschaft, Köln 1987

Natascha Kampusch, *3096 Tage*, Ullstein, Berlin 2010

Heinz-Werner Kubitza, *Der Jesuswahn*, Tertum Verlag, Marburg 2011

Doris Laudert, *Mythos Baum*, BLV, München 2009

Joseph LeDoux, *Das Netz der Gefühle*, Deutscher Taschenbuch Verlag, München 2001

Harald Lesch, Jörn Müller, *Kosmologie für Fußgänger*, Goldmann, München 2001

Bruce H. Lipton, *Intelligente Zellen*, Koha Verlag, Burgrain 2006

Edeltraud Lubinic, *Handbuch Aromatherapie*, Haug Verlag, Heidelberg 1997

Michael Mary, *Lebt die Liebe, die ihr habt*. Rowohlt, Reinbek 2008

Hermann Meyer, *Der Jackpot des Lebens*, Goldmann, München 2011

Hermann Meyer, *Die Gesetze des Schicksals*, Goldmann, München 2008

Gordon Neufeld, *Unsere Kinder brauchen uns!*, Genius Verlag, Bremen 2006

Peter Salocher, Dieter Buchser, *Enertree. Heilung durch die Energie der Bäume*, Droemer Knaur, München 2000

Michael Schmidt-Salomon, *Jenseits von Gut und Böse*, Pendo, München 2009

Michael Schmidt-Salomon, Lea Salomon, *Leibniz war kein Butterkeks*, Pendo, München 2011

Sylvia Schneider, *Wonnestunden aus 1001 Nacht*, Goldmann, München 2006

Paul Schulz, *Atheistischer Glaube*, Marixverlag, Wiesbaden 2008

Paul Schulz, *Codex Atheos: Die Kraft des Atheismus*, Verlag Aug. Rauschenplat Cuxhaven 2006

Hiromi Shinya, *Lang leben ohne Krankheit*, Arkana, München 2008

Jörg Spitz, *Vitamin D*, Gesellschaft für medizinische Information und Prävention, Schlangenbad 2009

In der Ruhe liegt die Kraft

Bücher für ein entspanntes und schönes Leben

978-3-453-60126-0

Jörg W. Knoblauch / Johannes
Hüger / Marcus Mockler
Dem Leben Richtung geben
*In drei Schritten zu einer
selbstbestimmten Zukunft*
978-3-453-60126-0

Tom Hodgkinson
Die Kunst, frei zu sein
Handbuch für ein schönes Leben
978-3-453-63004-8

Paul R. Wilson
Das kleine Buch der Ruhe
978-3-453-14920-5

Jörg W. Knoblauch / Johannes
Hüger / Marcus Mockler
Ein Meer an Zeit
*Die neue Dimension des Zeit-
managements. In vier Wochen
zu mehr Gelassenheit*
978-3-453-60127-7

Helmut Fuchs / Dirk Gratzel
**Mit neuem Schwung
durchs Leben**
*Wie man mit Launologie
richtig durchstartet*
978-3-453-67020-4

Lothar Seiwert
Die Bären-Strategie
In der Ruhe liegt die Kraft
978-3-453-61000-2

Leseproben unter: **www.heyne.de**

HEYNE ‹